Это странное загадочное существо — царскосельский гусар <...>, так долго писавший подражательные Пушкину и Байрону стихи и вдруг начавший писать нечто такое, где он никому не подражает, зато всем уже 150 лет хочется ему подражать, но совершенно очевидно, что это невозможно, потому что он владеет тем, что актеры называют сотая интонация.

Слово слушается его, как змея заклинателя: от почти площадной эпиграммы до молитвы, а его строки не имеют себе равных ни в одной из поэзий мира, со всеми их ошибками и неточностями. Это так неожиданно, так просто и так бездонно...

Анна Ахматова

К. Горбунов
Портрет М.Ю. Лермонтова
в сюртуке Тенгинского пехотного полка. 1841

М.Ю. Лермонтов | Mikhail Lermontov

«Нет, я не Байрон, я другой...»

«No, I'm not Byron, it's my Role...»

Избранная поэзия

Poetical Works

Москва

Центр книги ВГБИЛ им. М.И. Рудомино

2009

УДК 882
ББК 84(2Рос=Рус)1
  Л49

Издание в 3-х книгах.
Поэзия М.Ю. Лермонтова в переводах на английский, французский,
немецкий языки с параллельными оригинальными текстами

Издание осуществленно при поддержке Посольства РФ
в Великобритании, Пушкинского дома в Лондоне, Книжного клуба 36,6,
Межрайонной библиотечной системы им. М.Ю.Лермонтова
Санкт-Петербурга

Автор проекта Е.Ю. Гениева
Ответственный редактор Ю.Г. Фридштейн
Составители И.Г. Ирская, Ю.А. Рознатовская
Автор вступительной статьи Л.М. Аринштейн
Художник В.В. Гусейнов

На обложке книги — картина М.Ю. Лермонтова «Крестовый перевал» (1837—1838).

Лермонтов М.Ю.

Л49　　«Нет, я не Байрон, я другой...» = «No, I'm not Byron, it's my Role...»: Избранная поэзия = Poetical Works [на русском языке с параллельным переводом на английский
язык] / М.Ю. Лермонтов = Mikhail Lermontov; [составители И.Г. Ирская,
Ю.А. Рознатовская; ответственный редактор Ю.Г. Фридштейн]. – М.: Центр книги
ВГБИЛ им. М.И. Рудомино, 2009. — 400 с. Ил.

ISBN 5-7380-0330-1

В том включены стихотворения и поэмы М.Ю. Лермонтова на русском и английском языках (в переводах авторов XIX—XX вв. из Великобритании, США, Канады).
Вступительная статья прослеживает основные этапы вхождения русского поэта
в пространство англоязычной словесности.

УДК 882
ББК 84(2Рос=Рус)1

ISBN 5-7380-0330-1

Л.М. Аринштейн

НА ЯЗЫКЕ ДАЛЕКИХ ПРЕДКОВ

Не знаю, кто привлек внимание Лермонтова к малоизвестной балладе Вальтера Скотта «Thomas the Rhymer» о Томасе Рифмаче из рода Лермонтов (Lermont), но с той поры Михаил Юрьевич уверился, что сей балладный герой, живший в тринадцатом столетии, был его далеким предком.

По этой или по какой другой причине, но Лермонтов на протяжении всей своей, увы, недолгой жизни всегда оказывал явное предпочтение Британской музе. И Британия, надо сказать, не оставалась в долгу: в этой стране Лермонтова переводили щедро и, как правило, удачно.

Эпизод с балладой Вальтера Скотта, имевший столь неординарные последствия как для творчества поэта, так и для его восприятия в Англии, относится, по всей вероятности, к 1828 или 1829 году, когда четырнадцатилетний Лермонтов стал учить английский язык.

Об этом свидетельствует целый ряд фактов.

Учителем Лермонтова был его гувернер Федор Федорович Винсон. Заметив склонность своего ученика к поэзии, умный англичанин подбирал в качестве учебных текстов поэтические шедевры английских романтиков. Как вспоминал Аким Павлович Шан-Гирей, близкий друг и родственник Лермонтова, «Мишель начал учиться английскому языку по Байрону,<...> читал Мура и поэтические произведения Вальтер Скотта»[1].

Скорее всего, именно тогда он и натолкнулся в упомянутой балладе на имя, столь похожее на его собственное.

Вот что писал в вводной пояснительной заметке к балладе ее автор сэр Вальтер Скотт и что довелось прочитать Лермонтову: «В истории народной шотландской поэзии мало найдется бардов, о которых вспоминали бы так часто, как о Томасе из Эрсильдуна, известном по его прозвищу «Томас Рифмач». Талант Томаса действительно сочетал в себе — или, во всяком случае, так считается — дар поэтического творчества и дар пророчества, что и по прошествии более пяти веков продолжает вызывать уважение и восхищение его соотечественников. На развалины древней башни [в долине реки Твид — Л.А.] до сих пор показывают как на руины его замка. Народная память сохранила и его родовое имя — Lermont или Learmont».

Нетрудно представить, какое впечатление должно было произвести это открытие на романтически настроенного юношу. Ведь Томас Лермонт был не просто шотландцем (а Шотландия всегда представлялась в России самым романтическим местом в мире),

---

[1] Лермонтов в воспоминаниях современников. М., 1972. С. 34-35.

но и поэтом, обладавшим пророческим даром. Поверив в то, что Томас Лермонт был его далеким предком, Лермонтов поверил и в то, что унаследовал его поэтический и пророческий дар.

Похоже, что четырнадцатилетний Мишель не ошибался.

> Настанет год, России черный год,
> Когда царей корона упадет;
> Забудет чернь к ним прежнюю любовь,
> И пища многих будет смерть и кровь;
> <...>

(«Предсказание»)

Что же касается Шотландии, то уже с начала 1830-х годов в поэзии Лермонтова появляется мотив этой романтической страны как его исторической родины:

> Под занавесою тумана,
> Под небом бурь, среди степей,
> Стоит могила Оссиана
> В горах Шотландии моей.

(«Гроб Оссиана»)

А годом позже, в балладе «Желание» Лермонтов прямо называет Шотландию своей «отчизной»:

> На запад, на запад помчался бы я,
>   Где цветут моих предков поля.
> Где в замке пустом на туманных горах,
>   Их забвенный покоится прах.
>
> На древней стене их наследственный щит
>   И заржавленный меч их висит.
> Я стал бы летать над мечом и щитом
>   И смахнул бы я пыль с них крылом;
>
> И арфы шотландской струну бы задел,
>   И по сводам бы звук полетел;
> Внимаем одним, и одним пробужден,
>   Как раздался, так смолкнул бы он.
>
> Но тщетны мечты, бесполезны мольбы
>   Против строгих законов судьбы.

> Меж мной и холмами отчизны моей
> Расстилаются волны морей.
>
> Последний потомок отважных бойцов
> Увядает средь чуждых снегов;
> Я здесь был рожден, но нездешний душой...
> О! зачем я не ворон степной?..

Лермонтов не только придал стихотворению специфический шотландский колорит, но и выдержал ритмико-интонационный рисунок в соответствии с фонетическими нормами англо-шотландской баллады: здесь сознательно используются только мужские рифмы (что обычно для английского стихосложения, но крайне редко встречается в русской поэзии).

В творчестве Лермонтова в это время формируются два четко выраженных направления: одно — полностью ориентированное на поэтическую интонацию Байрона («И Байрона достигнуть я б хотел; / У нас одна душа, одни и те же муки...»), и другое — на традицию героико-трагических баллад шотландской границы, собранных Вальтером Скоттом в сборнике «Minstrelsy of Scottish Border».

Знакомство с музой Лермонтова в Великобритании как раз и началось с такого рода баллады: «Дары Терека» стали его первым произведением, прозвучавшим на английском языке в переводе Томаса Шоу[2]. Он был опубликован в 1843 году в одном из самых престижных в Великобритании журналов «Blackwood's Edinburgh magazine»[3].

Шоу был далеко не рядовым, а точнее сказать, необычайно одаренным переводчиком русской поэзии. Петр Александрович Плетнев, которому, как известно, Пушкин посвятил своего «Онегина», писал о «чудной способности» Шоу «переводить почти слово в слово самые лучшие русские стихи на английский язык»[4].

В отличие от многих «иноземцев, к нам шагнувших за порог» (П.А. Вяземский), Шоу был высокообразованным человеком, получившим ученую степень в Кембриджском университете. О том, как он появился в Москве, в доме Алексея Васильевича Васильчикова, не без иронии вспоминал Фридрих Боденштедт (впоследствии известный переводчик поэзии Пушкина и Лермонтова на немецкий язык): «Мадам Васильчикову не удовлетворяли оба учителя английского языка <...> и она выписала из Кембриджского университета откормленного магистра <...>. Его звали m-r Thomas Shaw, и он умел придавать своим урокам особую торжественность тем, что во время занятий постоянно носил свою объемистую университетскую тогу и шапочку. Ничего подобного не видели в Москве у домашних учителей, и m-r Shaw сделался вскоре предметом разговора во всех салонах <...>».[5]

---

[2] Thomas Budd Shaw (1813, Лондон — 1862, С.-Петербург). Подробно о нем см.: Сравнительное изучение литератур: Сб. статей к 80-летию академика М.П. Алексеева. Л., 1976. С. 117—124.

[3] Shaw T.B. The Gifts of Terek. Translated from Russian of Lermontoff // Blackwood's Edinburgh magazine. 1843. Vol.54. P. 799—800.

[4] Русский архив. 1877. Кн. 3. С. 367.

[5] Боденштедт Ф. Воспоминания о пребывании в России в 1841-1845 гг. // Русская старина. 1887. Т 54. С. 437—438.

Сам Боденштедт был в начале 1840-х годов домашним учителем в доме князей Голицыных. Был он страстным поклонником поэзии Лермонтова, именно он и познакомил Шоу со стихотворениями русского поэта.

Характерно, что Шоу, шотландец по происхождению, переводивший для эдинбургского журнала, избрал в качестве предмета перевода не типичные для молодого Лермонтова элегические произведения в духе Байрона, а стихотворение в духе баллад шотландской границы. Пожалуй, ни одному другому русскому поэту не удавалось столь полно и органично вписаться в этот поражающий своей спокойной мужественностью стиль.

В этой связи мне вспоминается забавный эпизод. Один из моих коллег, прекрасный филолог, прочитав английский текст «Даров Терека» в лежавшем у меня на столе журнале (я тогда работал над «Лермонтовской энциклопедией» и одновременно готовил издание шотландских баллад), заметил: «Да, как прекрасны эти шотландские баллады: почти наш Лермонтов!»

В дальнейшем Шоу некоторое время преподавал в Царскосельском лицее, где проникся поэзией Пушкина. В 1845 году он перевел и опубликовал в том же «Blackwood's Edinburgh magazine» двадцать два стихотворения Пушкина[6], в том числе такие сложные для поэтического перевода, как «Песнь о вещем Олеге», «К морю», «19 октября».

К переводам из Лермонтова Шоу больше не возвращался.

Публикация в 1843 году английского перевода стихотворения «Дары Терека» совпала по времени с появлением в Великобритании нескольких книг о России, где, в частности, шла речь о Лермонтове.

Так, в том же 1843 году в Лондоне вышел английский перевод книги маркиза де Кюстина «Россия в 1839», в которой шла речь о ссылке Лермонтова, хотя имя его не называлось. Через три года была переведена и книга Ивана Гавриловича Головина «Россия при Николае I» (London, 1846), где говорилось о гибели Лермонтова. Сведения о его ссылке (опять-таки без упоминания имени) как примере деспотизма русского царя содержал очерк о Пушкине в изданной анонимно книге английского путешественника Чарльза Хеннингсена «Восточная Европа и император Николай» («Eastern Europe and the Emperor Nicholas». London, 1846).

В США Лермонтов был впервые назван в числе последователей и подражателей Пушкина в книге Терезы А.Л. Робинсон (псевдоним — Тальви) «Исторический взгляд на языки и литературу славянских наций» («Historical view of the languages and literature of Slavic nations». New York, 1850).

Не меньшую роль, чем иностранцы в России (Шоу, Боденштедт, Хеннингсен и др.), сыграли в популяризации Лермонтова в европейских странах русские, выезжавшие за рубеж. Особая роль принадлежит здесь Александру Ивановичу Герцену, высоко ценившему поэзию Лермонтова.

---

[6] Shaw T.B. Pushkin, the Russian Poet // Blackwood's Edinburgh magazine. 1845. Vol. 57. P. 657-678; Vol. 58. P. 28-43, 140-156.

[7] National review. 1858. Vol. 7. P. 361-382.

[8] National review. 1860. Vol.11. P. 330-374.

[9] Лермонтов М.Ю. Полное собрание сочинений. Т.5. СПб., 1913. С. 123.

В середине 1850-х годов Герцен, живший тогда в эмиграции в Лондоне, задумал цикл журнальных статей, которые должны были познакомить английскую публику с русской литературой. Цикл так и назывался: «Русская литература».

Первая статья — «Русская литература и Александр Пушкин» — появилась анонимно в октябрьской книжке общественно-политического и литературно-критического лондонского журнала «National review» за 1858 год[7]. Вторая — «Русская литература: Михаил Лермонтов» — также без имени автора, вышла в том же журнале и тоже в октябре, двумя годами позже[8]. Обе статьи выделяются из множества работ такого рода своей обстоятельностью и аналитической глубиной, что, между прочим, отметил в своем комментарии к полному академическому собранию сочинений Лермонтова 1910-1913 гг. профессор К.Н. Фаминский, охарактеризовав ее как «едва ли не лучшую работу о Лермонтове на английском языке»[9]. Имя анонимного автора статьи в то время не было известно, и Фаминскому его раскрыть не удалось.

Занимаясь в 1970-х годах этой статьей, я обратился с запросом в редакцию наиболее авторитетного англо-американского справочника по английской периодике XIX века «The Wellesley Index to Victorian Periodicals, 1824-1900». Мне прислали копию оглавления тома 1860 года, в котором редактор «National review» своей рукой вписал имена всех анонимных авторов. Против статьи «Russian literature: Michael Lermontoff» значилось: «M-me von Meisenberg». «К сожалению, — сообщали мне в сопроводительном письме, — нам не удалось установить, кто эта Мейзенберг»[10].

Никто из моих коллег также не мог сказать по этому поводу ничего определенного, пока я не обратился к академику Михаилу Павловичу Алексееву. «Здесь, наверное, неточность: скорее всего, это не Мейзенберг, а Меренберг — дочь Пушкина. Покажите статьи». Бегло просмотрев обе статьи — о Лермонтове и о Пушкине — Михаил Павлович рассмеялся: «Да здесь же сплошной Герцен! Стало быть, это не Мейзенберг, а Мейзенбуг — его любимая сотрудница!» И он тут же по своему обыкновению аккуратно написал на листочке, какие подробности о Мальвиде фон Мейзенбуг надо включить в мою работу и что ответить в «Wellesley Index»[11].

Дальнейшее исследование позволило заключить, что обе статьи не были написаны Мейзенбуг самостоятельно, а были продиктованы ей Герценом, частично тезисно, частично конспективно, и затем уже развиты и обработаны ею[12]. Главное внимание в статье о Лермонтове уделено поэмам «Мцыри», «Измаил-Бей», «Демон» и роману «Герой нашего времени». Жизнь и творчество Лермонтова рассматриваются здесь в связи с общим социальным и культурным развитием России — в соответствии со взглядами Герцена, изложенными в труде «О развитии революционных идей в России» (1850), который широко цитируется.

---

[10] Письмо В.Е. Хоутона, редактора «The Wellesley Index» от 14 мая 1974 г.

[11] Герцен познакомился с Мальвидой фон Мейзенбуг (1816-1903) в конце 1852 г. в Лондоне, куда она эмигрировала из Германии после революции 1848 г. Она преподавала музыку дочери Герцена Ольге и стала его ближайшей сотрудницей.

[12] Подробнее см.: «Временник Пушкинской комиссии. 1973». Л., 1975. С. 36-51; «М.Ю.Лермонтов: Исследования и материалы». Л., 1979. С. 283-308.

Статья была вскоре перепечатана в США в журнале «Eclectic magazine» (Boston, 1861. Vol. 53).

В 1850-х годах на английском языке становится известным «Герой нашего времени». Сначала появилась анонимная переделка романа (без «Тамани») под названием «Очерки русской жизни на Кавказе» («Sketches of Russian life in the Caucases». London, 1853), которая выдавалась за подлинный дневник русского офицера, «прожившего много лет среди различных горских племен». Но уже в следующем году в Лондоне вышли два перевода романа: анонимный полный и перевод Терезы Пульской (1819-1866) без «Фаталиста».

То, что с творчеством Лермонтова Пульскую познакомил Герцен, хорошо знавший по лондонской эмиграции ее и ее мужа — венгерского революционера, — сомнений не вызывает. Но похоже, что и анонимный перевод «Героя нашего времени» был тоже сделан кем-то из близкого окружения Герцена.

В последующие десятилетия вышло еще несколько переводов «Героя нашего времени» на английский язык, в частности, в 1886 и 1887 годах роман был дважды издан в очень неплохом переводе Р.И. Липмана (без «Фаталиста»).

К концу девятнадцатого века роман Лермонтова стал наиболее популярной и читаемой книгой, переведенной с русского языка. Он был включен в учебное пособие по русскому языку «Russian reader: Lermontof's Modern hero» (с параллельными текстами, русским и английским) в переводе и с вступительной заметкой И.Н. Шнурмана (Cambridge, 1899).

Самое удивительное — то неизгладимое впечатление, какое роман Лермонтова произвел на ... Джеймса Джойса. Казалось бы, будущий автор «Улисса» был бесконечно далек по своей творческой манере от поэтики Лермонтова вообще и «Героя нашего времени», в частности. Однако вот что он писал в письме к брату в сентябре 1905 года: «Я знаю лишь одну книгу, похожую на мою, это — «Герой нашего времени» Лермонтова. Конечно, моя гораздо длиннее; герой Лермонтова — аристократ, уставший от жизни, и существо храброе. Но есть сходство в замысле, в заглавии, а порой и в язвительной трактовке...»[13]

Речь идет о его знаменитом романе «Портрет художника в юности», который Джойс первоначально назвал «Герой Стивен», тем самым подчеркивая близость своего произведения к «Герою нашего времени» Лермонтова.

Любопытна и полна неожиданных поворотов история знакомства английских читателей с одним из самых трагических произведений Лермонтова — поэмой «Демон». Как известно, Лермонтов, так и не завершил поэму, оставив миру восемь различных черновых вариантов. После его смерти поэма долгое время ходила в списках, и лишь в 1856 году Алексей Илларионович Философов решился издать ее на основе наиболее достоверных текстов. Философов — родственник Лермонтова — входил в круг лиц, близких к царской семье: с 1828 года в чине полковника он был адъютантом великого князя Михаила Павловича, а с 1838 года — воспитателем младших детей Николая I. Ему было

---

[13] Цит. по: Лермонтовская энциклопедия. М., 1981. С. 139.

хорошо известно отрицательное отношение императора к поэме Лермонтова, как и то, что по условиям духовной цензуры опубликовать эту поэму было вообще невозможно. Тем не менее сразу же после смерти Николая I он решился издать «Демона», правда, не в России, а в Германии (в Карлсруэ вышло два издания: в 1856 и 1857 годах).

Именно они послужили основой для перевода «Демона» на европейские языки. Английский перевод, выполненный А.К. Стивеном, вышел в свет в Лондоне в 1875 году (Тургенев назвал этот перевод «подвигом немалым»), а еще через шесть лет в знаменитом лондонском театре Ковент-Гарден была поставлена опера Антона Рубинштейна «Демон». Опера оставалась в репертуаре театра несколько сезонов, что в огромной степени способствовало известности Лермонтова в Великобритании (именно тогда, в 1881 и 1886 годах вышли переиздания перевода Стивена).

Популярности Лермонтова способствовали также концертные выступления Рубинштейна в Великобритании и многочисленные (более десяти) английские и американские издания его романсов на лермонтовские стихи.

С постановкой «Демона» в Ковент-Гардене связан весьма любопытный эпизод. Профессор Рональд Росс, выдающийся ученый-биолог, один из первых лауреатов Нобелевской премии, а также поэт, страстный поклонник и знаток Байрона, прослушав оперу «Демон», не мог не заметить близости лермонтовского произведения к мироощущению Байрона. И Росс решился на неординарный поступок: зная, что одно из произведений Байрона — «Преображенный урод» («The Deformed Transformed») — осталось незавершенным, он контаминировал сюжеты и мотивы незавершенной драматической поэмы Байрона и незавершенного лермонтовского «Демона», создав собственный поэтический текст[14].

Справедливости ради заметим, что Росс был не первым, кто почувствовал близость Лермонтова и его английского предшественника. Уже с начала 1870-х годов, когда имя Лермонтова стало появляться в английских и американских обзорных статьях о русской литературе и книгах по истории России, Лермонтов предстает как последователь лорда Байрона. Известное стихотворное «возражение» Лермонтова своим будущим биографам и исследователям «Нет, я не Байрон, я другой...» ни тогда, ни позже в Великобритании в расчет не принималось.

Не осталась без внимания и близость имен Лермонтова и легендарного Томаса Рифмача-Лермонта, о чем уже шла речь. Так, пропагандист русской литературы в Великобритании, друг и переводчик Тургенева У.Р. Ролстон посвятил Лермонтову статью, назвав ее «Шотландец за границей» («Athenaeum». London, 1873. Vol. 62). В ней он подробно развивает версию о шотландских корнях Лермонтова.

До конца девятнадцатого века появился еще один перевод «Демона» — Фрэнсиса Сторра (London, 1894), а в первые десятилетия двадцатого века — два перевода: Эллен Рихтер (London, 1910) и Роберта Бернесса (Edinburgh, 1918).

В США переводы «Демона» появятся значительно позже, а первой поэмой Лермонтова, переведенной в Америке, стали «Мцыри» в переводе С.С. Конанта под заглавием

---

[14] Подробнее см.: Аринштейн Л.М. «Демон» Лермонтова и «Преображенный урод» Байрона в обработке Р.Росса// Русская литература. 1975. №3. С. 140-146.

«Черкесский мальчик» (Boston, 1875). Отметим, что перевод был сделан не с русского оригинала, а с немецкого перевода.

Начиная с 1880-х годов имя Лермонтова становится настолько известным в Великобритании, что без упоминания о нем не обходится ни одна антология и ни один труд по русской литературе XIX века.

Так, профессор английского языка и литературы Петербургского университета Чарльз Эдвард Тернер выпустил «Очерки русской литературы» («Studies in Russian literature». London, 1882), где Лермонтову посвящены две главы. Тернер стремился подчеркнуть революционно-романтический дух стихотворений Лермонтова; биография поэта, изложение и оценка его основных произведений сопровождались прозаическими переводами отрывков из стихотворения «Смерть поэта», из поэм «Песня про царя Ивана Васильевича, молодого опричника и удалого купца Калашникова», «Мцыри», «Демон» и др.

Два года спустя журнал «Blackwood's Edinburgh magazine» (1884. Vol. 136) напечатал в новом переводе А.Стейли «Дары Терека», а также «Чашу жизни», «Казачью колыбельную песню» и «Узника».

Э.А.Б. Ходжетс перевела и опубликовала в журнале «The Strand magazine» (1893. Vol. 6) сказку «Ашик-Кериб».

Стихи Лермонтова занимают видное место в антологиях русской поэзии: в составленную Ч.Т. Уилсоном книгу «Русская лирика в английских переводах» («Russian lyrics in English verse». London, 1887) вошло четырнадцать стихотворений; в антологию Дж. Поллена «Русская поэзия» («Rhymes from the Russian». London, 1891) — более двадцати. Впрочем, эти переводы не отличались поэтическими достоинствами и порой слишком отступали от оригиналов. Более совершенными были переводы, печатавшиеся в «Трудах» («Proceedings») Англо-русского литературного общества, основанного в 1893 г.: «Ангел» и «Казачья колыбельная песня», особенно популярные благодаря романсам А.Г. Рубинштейна и А.Т. Гречанинова, а также «Молитва», «Выхожу один я на дорогу...», «Парус», «Ветка Палестины». Переводчиками выступали Ф.П. Марчент, Дж. Поллен, О. Витали и другие. В сборниках общества, патроном которого был Николай II, политически острые стихи, разумеется, не печатались. Напротив, именно такие стихи переводились для газеты «Free Russia», тесно связанной с русской политической эмиграцией. С 1890 по 1900 гг. здесь были опубликованы стихотворения «Поэт», «Смерть поэта», «Как часто, пестрою толпою окружен...» и «Родина» (переводчики Ш. Сиджуик, Г.Р. Томсон, М.Г. Уокер).

В обширной американской «Антологии русской литературы» («Anthology of Russian literature». New York; London, 1903. Vol 2), составленной Л. Винером, были помещены переводы повести «Максим Максимыч» и девяти стихотворений, взятые из предшествующих изданий; а также — впервые составленная библиография английских переводов произведений Лермонтова.

Стихи Лермонтова и в дальнейшем неизменно включались в антологии русской литературы, число которых особенно увеличилось в годы Первой мировой войны в связи с возросшим интересом к России: двадцать два стихотворения вошло в антологию М.Г. Бианки «Русская лирика» («Russian lyrics». New York, 1910); в 1917 г. вышло второе издание антологии переводов Дж. Поллена под названием «Russian songs and lyrics», лермонтовский раздел которой был дополнен стихотворениями «Талисман», «Дары Терека», «Чаша жизни»; поэма «Демон» и ряд стихотворений были включены в книгу «Русские поэты и стихи» («Russian poets and poems». Oxford, 1917), составленную Надин Яринцовой, еще шесть стихотворений — в сборник «Избранная русская поэзия» («Selections of Russian poetry». London, 1918), составитель и переводчик Б.А. Рудзинский. Переводы из Лермонтова печатались в возникшем во время войны американском журнале «The Russian review» (1916). Из других публикаций начала века следует отметить: перевод Дж. Уисдома и М. Марри «Героя нашего времени» под интригующим названием «Сердце русского» («The heart of a Russian». London, 1912); публикацию стихотворений «Пророк», «Беглец» и «Ангел» по-русски с параллельным английским стихотворным переводом, биографией, примечаниями и словарем, составленным Э.Н. Штейнгартом (London, 1917). Собственный перевод «Песни про... купца Калашникова» опубликовала Этель Лилиан Войнич (London, 1911).

По-прежнему, как и во времена Герцена, значительную роль в популяризации Лермонтова в странах английского языка играли русские эмигранты. Так, в 1901 году Петр Алексеевич Кропоткин выступил с серией лекций, в которых немалое место уделялось Лермонтову, в частности, отмечалось его духовное родство с английским романтиком Перси Биши Шелли. Лекции Кропоткина были изданы в США под заглавием «Идеалы и действительность в русской литературе» («Ideals and realities in Russian literature». New York, 1905).

Сведения о Лермонтове английские и американские читатели могли также почерпнуть из книги К.Ф. Валишевского («A history of Russian literature». New York, 1900) и исследования А. Брюкнера («A literary history of Russia». London, 1908. Перевод с немецкого).

Из английских работ стоит упомянуть «Очерк русской литературы» писателя и популяризатора русской культуры в Англии М. Беринга («An outline of Russian literature». London, 1915) и главы в книге Розы Ньюмарч «Поэзия и прогресс в России» («Poetry and progress in Russia». London; New York, 1907). Ньюмарч, рассматривая Лермонтова как одного из русских поэтов-борцов за свободу и просвещение своей страны, справедливо отмечала значение фактов личной жизни для творчества поэта. Беринг подчеркивал сочетание в Лермонтове романтического воображения и опоры на реальную действительность — «темперамента Теккерея с крыльями Шелли».

С начала двадцатого столетия переводы прозаических произведений великих русских писателей — Достоевского, Толстого, Тургенева, а несколько позже драматургии и рассказов Чехова, серьезно потеснили поэзию.

Наследие Лермонтова этот процесс затронул в том отношении, что переводы «Героя нашего времени» стали значительно преобладать над переводами лирики:

переиздан перевод Дж. Уисдома и М. Марри (New York, 1924); вышли новые переводы — Дж. С. Филлимора (London, 1924), Р. Мертона (New York, 1924; London, 1928, с предисловием Д.Мирского), И. Пола и С. Пола (London, 1940).

Впрочем, в 1923 году в Нью-Йорке вышел сборник стихотворений «Из Лермонтова» («A sheaf from Lermontov») в переводах Дж. Роббинса. Неизменным успехом в странах английского языка пользовался «Демон»; появились два новых перевода: А. Кулиджа (London, 1925) и Дж. Шелли (London, 1930. Предисловие Д. Мирского). Произведения Лермонтова, как правило, включались в антологии мировой и русской литературы, число которых возрастало. Однако для журналов стихи Лермонтова переводились крайне редко: лишь «Slavonic review» (London) и «Russian student» (New York) поместили в двадцатые-тридцатые годы ряд переводов: как публиковавшихся ранее (А. Кулидж), так и новых (Д. Тейлор, Б. Брейсол, У. Моррисон, М.Ф. Джеролд)..

Одновременно увеличивалось число работ, посвященных жизни и творчеству Лермонтова. Из авторов этого периода наибольшее внимание Лермонтову уделили К. Сегал в книге «Романтическое движение в России» («The romantic movement in Russia». Birmingham, 1922) и Д.Мирский в «Истории русской литературы («A history of Russian literature». London, 1927. В дальнейшем книга многократно переиздавалась). Оба автора детально прослеживают обстоятельства трагической биографии поэта, в которой видят основные истоки его творчества. Особо следует отметить деятельность К.А. Маннинга — пионера американского лермонтоведения, который выступал и как переводчик (главным образом, в журнале «Russian student»: «Казачья колыбельная песня», «Благодарность», «Родина», «Тучи», «Ангел», фрагменты из «Демона»).

В последующие десятилетия количество переводов Лермонтова на английский язык увеличивается. Центральное место по-прежнему занимал «Герой нашего времени»; вновь переиздавались переводы Дж.Уисдома и М. Марри (London, 1954), И.Пола и С. Пола; вышли новые переводы: В. и Д. Набоковых (London; New York, 1958), Ф. Логуорта (New York, 1964; London, 1969), П. Фута, выпущенный издательством «Пингвин» одновременно в Великобритании и США (Harmondsworth; Baltimore, 1966). Поэтические произведения Лермонтова продолжали появляться в многочисленных антологиях русской, славянской и мировой поэзии. Важнейшие из них — «Книга русской поэзии» («A book of Russian verse». London, 1943) в переводах С.М. Боуры, М. Беринга и др.; «Сокровищница русской поэзии» («A treasury of Russian verse». New York, 1949) в переводе А. Ярмолинского и др. Сборники Лермонтова выходят в США в переводе Ю.М. Кейдена: «"Пророк" и другие стихотворения» (Sewanee, 1944) и «"Демон" и другие поэмы и стихи» (Yellow Springs, 1964); в переводе Дж. Дэниелса: «Лермонтовская хрестоматия» («A Lermontov reader». New York, 1965).

В Канаде изданы в переводе С.Э.Л'Ами и А. Великотного два сборника стихов Лермонтова: «Избранная поэзия» («Selected poetry». Winnipeg, 1965) и «Лермонтов: Биография и переводы» («Lermontov: Biography and translation». Winnipeg, 1967). В последний сборник включено несколько поэм, в том числе «Демон», «Два брата», и свыше ста стихотворений. Это наиболее полное собрание переводов из Лермонтова на английский язык. Усиление интереса к русскому языку вызывает в 1960-х годах издание в оригинале «Демона» (London, 1961, переиздание в 1964 г.) и «Героя нашего времени» (London, 1962, переиздание в 1965 г.). Стихотворения Лермонтова и отрывки из «Демона» с параллельным английским прозаическим переводом вошли в сборник русской поэзии, составленный Д. Оболенским («Penguin book of Russian verse». London, 1962; 1965).

В последние десятилетия двадцатого века и в начале века двадцать первого имя Лермонтова на страницах английских книг и журналов отходит на второй план. Причиной этого было то, что представление о золотом веке русской поэзии все более концентрировалось в Англии на творчестве Пушкина. В 1991-1999 годах шла интенсивная работа по подготовке Полного собрания сочинений Пушкина на английском языке: 15-томное издание «The Complete Works of Alexander Pushkin» вышло в 1999—2003 гг.

Остается надеяться, что грядущее 200-летие Лермонтова вызовет аналогичный всплеск интереса, что скажется, в том числе, и на переводческом творчестве.

(предсказанie) (это мечта.)

Настанетъ годъ, россіи черный годъ
Когда Царей, корона упадетъ,
Забудетъ чернь къ нимъ прежнюю любовь,
И пища многихъ будетъ смерть и кровь;
Когда дѣтей, ~~когда~~ когда невинныхъ женъ,
Низвергнутый не защититъ законъ;
Когда чума отъ смрадныхъ, мертвыхъ тѣлъ
Начнетъ бродить посреди ~~печальныхъ~~ селъ,
Чтобъ платкомъ изъ хижинъ вызывать,
И станетъ гладъ сей бѣдный край терзать;
И зарево окраситъ волны рѣкъ:
~~тотъ~~ Въ тотъ день ~~~~ часъ явится человѣкъ,
И ты его узнаешъ — и поймешъ
Зачемъ въ рукѣ его булатной ножъ:
И горе для тебя! — твой плачъ, твой стонъ
Ему тогда покажется смѣшонъ;
И будетъ все ужасно, мрачно въ немъ,
Какъ ~~~~ плащъ его съ возвышеннымъ челомъ.

Стихотворения

Poems

ОСЕНЬ

Листья в поле пожелтели,
И кружатся и летят;
Лишь в бору поникши ели
Зелень мрачную хранят.

Под нависшею скалою
Уж не любит, меж цветов,
Пахарь отдыхать порою
От полуденных трудов.

Зверь, отважный, поневоле
Скрыться где-нибудь спешит.
Ночью месяц тускл и поле
Сквозь туман лишь серебрит.

1828

AUTUMN

Over the meadows, whirling low,
    The yellow leaves entwine;
No verdure now the woodlands show,
    Only the dark green pine.

Beneath the boulder's hanging crest,
    No more on beds of flowers
The ploughboy seeks his midday rest
    From hot, laborious hous.

Sadly the wild wood-creatures now
    To hidden coverts creep;
The moon is dim; the meadows glow
    In silver mists asleep.

Translated by C.E. L'Ami and Alexander Welikotny

МОНОЛОГ

Поверь, ничтожество есть благо в здешнем свете.
К чему глубокие познанья, жажда славы,
Талант и пылкая любовь свободы,
Когда мы их употребить не можем?
Мы, дети севера, как здешние растенья,
Цветем недолго, быстро увядаем...
Как солнце зимнее на сером небосклоне,
Так пасмурна жизнь наша. Так недолго
Ее однообразное теченье...
И душно кажется на родине,
И сердцу тяжко, и душа тоскует...
Не зная ни любви, ни дружбы сладкой,
Средь бурь пустых томится юность наша,
И быстро злобы яд ее мрачит,
И нам горька остылой жизни чаша;
И уж ничто души не веселит.

1829

MONOLOGUE

Believe, this dull existence forms men's lot
And bliss... Of what avail our thirst for glory,
Great learning, art, our flaming love of freedom,
When still we miss their place and use in life?
Like flowers born beneath a northern sky,
A little time we bloom, but wither soon.
Dim like the winter sun on grey horizons
Our days of life, one gloomy round. Not long
The course of our unvaried, empty days...
Too stifling feels the air at home; the heart
Grows heavy, and the spirit dark with grief.
In want of friendship dear and love, we waste
Our youth; our life is rotten at the core
And rank with poison stains of hate and fear.
Bitter the cup of dreary life we drink,
And naught remains that will rejoice the soul.

Translated by Eugene M. Kayden

БАЛЛАДА

Над морем красавица-дева сидит;
И, к другу ласкаяся, так говорит:

«Достань ожерелье, спустися на дно;
Сегодня в пучину упало оно!

Ты этим докажешь свою мне любовь!»
Вскипела лихая у юноши кровь,

И ум его обнял невольный недуг,
Он в пенную бездну кидается вдруг.

Из бездны перловые брызги летят,
И волны теснятся и мчатся назад,

И снова приходят и о берег бьют,
Вот милого друга они принесут.

О счастье! он жив, он скалу ухватил,
В руке ожерелье, но мрачен как был.

Он верить боится усталым ногам,
И влажные кудри бегут по плечам...

«Скажи, не люблю иль люблю я тебя,
Для перлов прекрасной и жизнь не щадя,

По слову спустился на черное дно,
В коралловом гроте лежало оно.

Возьми!» — и печальный он взор устремил
На то, что дороже он жизни любил.

Ответ был: «О милый, о юноша мой!
Достань, если любишь, коралл дорогой».

С душой безнадежной младой удалец
Прыгнул, чтоб найти иль коралл, иль конец.

BALLAD

On high by the sea sat a beautiful maid;
Her lover she kissed and, caressing him, said:

«Go, fetch me my necklace; go leap in the bay,
For deep in the gulf it has fallen to-day.

To me by this duty your love you will show!»
The blood of the valorous youth is a-glow.

The passion unsought to his mind has now crept:
In foaming abyss he has suddenly leapt.

Above the abyss, see, the pearly surf splash;
The waves hustle forward, then backward they dash.

Again they advance, as they break on the shore;
And landward her lover, the dear one, they bore.

O rapture! he lives, now the rock he regains,
The necklace he holds, but his look tells his pains.

To trust his limbs wearied by toil he's afraid;
His curls, wet with brine, o'er his shoulders have strayed.

«I love thee, or love thee not — which, pray, declare?
My life for my beauty's lost pearls did I spare?

You spake. To the black depths I dived on my way:
In grotto of coral your lost treasure lay.

Now take it». Thus speaking, he turned his sad eyes
To that which more dearly than life he did prize.

She answered: «O dear one, my paladin brave,
Go fetch, if you love me, the coral I crave».

The gallant young hero leapt forth with no breath
Of hope in his soul: 'tis the coral or death!

Из бездны перловые брызги летят,
И волны теснятся, и мчатся назад,

И снова приходят и о берег бьют,
Но милого друга они не несут.

1829

Above the abyss, see, the pearly surf splash:
The waves hustle forward, then backward they dash.

Again they advance, as they break on the shore;
But — lover, the dear one, no longer they bore.

Translated by Cecil Kisch

СТАНСЫ

Люблю, когда, борясь с душою,
Краснеет девица моя:
Так перед вихрем и грозою
Красна вечерняя заря.

Люблю и вздох, что ночью лунной
В лесу из уст ее скользит:
Звук тихий арфы златострунной
Так с хладным ветром говорит.

Но слаще встретить средь моленья
Ее слезу очам моим:
Так, зря Спасителя мученья,
Невинный плакал херувим.

1830

STANZAS

When with her soul my love's at war,
Her rosy blushes please my eye;
So, before storm or whirlwind mar,
With crimson flares the evening sky.

In moonlit woods astray by night,
Still may her red lips' sighing please;
The gold-stringed quiet harp so might
Wreathe on the air its melodies.

But ah, how sweet at evening prayer
The tears upon her eyelids sleep!
Seeing the Saviour's pain and care,
So might a tender cherub weep.

Translated by C.E. L'Ami and Alexander Welikotny

* * *

Ты помнишь ли, как мы с тобою
Прощались позднею порою?
Вечерний выстрел загремел,
И мы с волнением внимали...
Тогда лучи уж догорали,
И на море туман густел;
Удар с усилием промчался
И вдруг за бездною скончался.

Окончив труд дневных работ,
Я часто о тебе мечтаю,
Бродя вблизи пустынных вод,
Вечерним выстрелам внимаю.
И между тем, как чередой
Глушит волнами их седыми,
Я плачу, я томим тоской,
Я умереть желаю с ними...

1830

DO YOU REMEMBER HOW TOGETHER

(after Thomas Moore)

Do you remember how together
We said goodbye in evening weather?
The curfew gun boomed out at sea;
The sun went down in twilight, dying
In the heavy mist around us lying;
We heard, in anguish, silently,
The cannon boom across the tide,
How quickly o'er the gulf it died.

Today in evening light I wander
Beside the sea, and dream of you;
And when I hear the cannon thunder,
I feel our parting grief anew.
And as the dying echoes roll
In gloomy caverns of the sea,
I long, with anguish in my soul,
To share at last their destiny.

Translated by Eugene M. Kayden

ЕВРЕЙСКАЯ МЕЛОДИЯ

Я видал иногда, как ночная звезда
   В зеркальном заливе блестит;
Как трепещет в струях, и серебряный прах
   От нее рассыпаясь бежит.

Но поймать ты не льстись и ловить не берись:
   Обманчивы луч и волна.
Мрак тени твоей только ляжет на ней,
   Отойди ж — и заблещет она.

Светлой радости так беспокойный призрак
   Нас манит под хладною мглой;
Ты схватить — он шутя убежит от тебя!
   Ты обманут — он вновь пред тобой.

1830

MELODY

I gazed at a star in the heavens afar,
    In the luminous ocean of night;
Each silvery beam on the quivering stream
    Was scattered like mist in its flight.

In vain you believe all is yours to receive,
    This magic of light to enchain.
Your shadow may hide it awhile; step aside, —
    It shines in full glory again.

Thus happiness bright under cover of night
    Lures on like a phantom the mind;
It mocks with a smile, then eludes you a while,
    To glummer again undivined.

Translated by Eugene M. Kayden

К ГЛУПОЙ КРАСАВИЦЕ

Тобой пленяться издали
Мое всё зрение готово,
Но слышать, Боже сохрани,
Мне от тебя одно хоть слово.
Иль смех, иль страх в душе моей
Заменит сладкое мечтанье,
И глупый смысл твоих речей
Оледенит очарованье...

Так смерть красна издалека;
Пускай она летит стрелою.
За ней я следую пока;
Лишь только б не она за мною...
За ней я всюду полечу
И наслажуся в созерцанье.
Но сам привлечь ее вниманье
Ни за полмира не хочу.

1830

TO A YOUNG LADY BEAUTIFUL BUT DUMB

I'm quite prepared to be enchanted,
Just watching you from far away;
But may I never hear (God grant it!)
A single word that you might say.

Laughter, or fright, or both together,
Would shatter my sweet revery;
And the stupid nothings that you utter
Would quite dispel your witchery.

Thus Death, when she is not close by us,
Is beautiful. Let her run free:
I'll gladly follow her, provided
She doesn't turn and follow me.

I'll follow her where'er she leads me,
And contemplate her night and day;
But not for anything — believe me —
Would I attract her gaze my way!

Translated by Guy Daniels

ПРЕДСКАЗАНИЕ

Настанет год, России черный год,
Когда царей корона упадет;
Забудет чернь к ним прежнюю любовь,
И пища многих будет смерть и кровь;
Когда детей, когда невинных жен
Низвергнутый не защитит закон;
Когда чума от смрадных, мертвых тел
Начнет бродить среди печальных сел,
Чтобы платком из хижин вызывать,
И станет глад сей бедный край терзать;
И зарево окрасит волны рек:
В тот день явится мощный человек,
И ты его узнаешь — и поймешь,
Зачем в руке его булатный нож:
И горе для тебя! — твой плач, твой стон
Ему тогда покажется смешон;
И будет всё ужасно, мрачно в нем,
Как плащ его с возвышенным челом.

1830

A FOREBODING

A day will come, the darkest day in all
Our time: From royal heads the crown will fall;
The mob their rulers will not love nor trust,
And you will know your heritage of lust
And death. No law will then protect the lives
Of little children and of blameless wives;
The stench of loathsome dead on every hand
And plagues that stalk throughout the mournful land
Will drive you forth from homes of death and blood;
You will be desolate with fire and flood,
Wild with cold and hunger... And in that hour
One will appear to you, a man of power,
And you will know his face and understand
Why smokes the dagger in his mighty hand.
Woe unto you! Your moans and cries in gloom
Will be his sport upon that day of doom,
For like the vision of his lofty head
Hooded with night, your hour of dark and dread.

Translated by Eugene M. Kayden

МОГИЛА БОЙЦА

(Дума)

I

Он спит последним сном давно,
Он спит последним сном,
Над ним бугор насыпан был,
Зеленый дерн кругом.

II

Седые кудри старика
Смешалися с землей;
Они взвевались по плечам,
За чашей пировой,

III

Они белы, как пена волн,
Биющихся у скал;
Уста, любимицы бесед,
Впервые хлад сковал.

IV

И бледны щеки мертвеца,
Как лик его врагов
Бледнел, когда являлся он
Один средь их рядов.

V

Сырой землей покрыта грудь,
Но ей не тяжело,
И червь, движенья не боясь,
Ползет через чело.

VI

На то ль он жил и меч носил,
Чтоб в час вечерней мглы
Слетались на курган его
Пустынные орлы?

THE WARRIOR'S GRAVE

An age he lies asleep in death;
 He lies in death asleep.
Around his grave, above his mound,
 The grasses closely creep.

The locks of the ancient warrior
 Have mingled long with clay;
His locks shone golden in his youth,
 At wine with comrades gay.

White his locks as the white sea foam
 Along the curving shore;
His lips, so wise and true, are sealed
 With cold forevermore.

Death-pale the cheeks of the warrior
 As once his foes were pale
When he among their ranks appeared
 In armor and in mail.

The earth bore down upon his breast,
 But light its burden now;
The worm alone, unfearing, creeps
 Across his death-pale brow.

Lived he for this and drew his sword
 That, come the hour of night,
Above his lonely mound would perch
 The eagle and the kite?

VII

Хотя певец земли родной
Не раз уж пел об нем,
Но песнь — всё песнь; а жизнь — всё жизнь!
Он спит последним сном.

1830

The bards his name will sing, his fame
    Age after age to keep!
For life is strong, and songs give joy!
    He lies in death asleep.

Translated by Eugene M. Kayden

ЧЕРНЫ ОЧИ

Много звезд у летней ночи,
Отчего же только две у вас,
Очи юга! черны очи!
Нашей встречи был недобрый час.

Кто ни спросит, звезды ночи
Лишь о райском счастье говорят;
В ваших звездах, черны очи,
Я нашел для сердца рай и ад.

Очи юга, черны очи,
В вас любви прочел я приговор,
Звезды дня и звезды ночи
Для меня вы стали с этих пор!

_1830_

DARK EYES

The summer night has a thousand stars —
Why have you only two,
Eyes of the south, dark eyes?
It was the hour we met, alas!
For whoso asks, this much is true:
Night's stars speak all of paradise,
But in your stars, O bold dark eyes,
I have found paradise and hell —
Eyes of the south, dark eyes!
And in your love my doom I spell:
Night stars and day stars you shall be
Always in heaven or earth to me!

Translated by C.E. L'Ami and Alexander Welikotny

ЗАВЕЩАНИЕ

1

Есть место: близ тропы глухой,
В лесу пустынном, средь поляны,
Где вьются вечером туманы,
Осеребренные луной...
Мой друг! ты знаешь ту поляну;
Там труп мой хладный ты зарой,
Когда дышать я перестану!

2

Могиле той не откажи
Ни в чем, последуя закону;
Поставь над нею крест из клену
И дикий камень положи;
Когда гроза тот лес встревожит,
Мой крест пришельца привлечет;
И добрый человек, быть может,
На диком камне отдохнет.

1831

TESTAMENT

(Serednikovo. Night, at the window.)

Near an untrodden footpath lies,
In the wild wood, an open place,
Where, in the evening, mists arise,
Silvered beneath the moon's pale face.
Friend, you have seen that place. Take care —
When on my lips the last breath dies,
Bury my lifeless body there.

Refuse not to that grave such good
As law or custom may condone:
Give it a cross of maplewood,
Give it a rude and uncut stone.
And then, when storms alarm the glade,
My cross may catch some stranger's eye;
Some honest man, from comforts strayed,
May rest upon my stone, and sigh.

Translated by C.E. L'Ami and Alexander Welikotny

ЖЕЛАНИЕ

Зачем я не птица, не ворон степной,
        Пролетевший сейчас надо мной?
Зачем не могу в небесах я парить
        И одну лишь свободу любить?

На запад, на запад помчался бы я,
        Где цветут моих предков поля,
Где в замке пустом, на туманных горах,
        Их забвенный покоится прах.

Но тщетны мечты, бесполезны мольбы
        Против строгих законов судьбы.
Меж мной и холмами отчизны моей
        Расстилаются волны морей.

1831

THE WISH

Would I were a bird like the raven that flew
    By me now o'er the steppe far above!
Would I could but soar up aloft in the blue,
    So that freedom alone I might love!

I westward — I westward would haste to keep tryst,
    Where the fields of my forefathers bloom,
Where castle long empty, mid hills clad in mist,
    Guards their ashes forgot in the tomb!

On time-honoured wall hang their shield, with the coat
    Of their sires, and the sword red with rust,
And over the sword and the shield I would float,
    With my wings I would scatter their dust!

The strings of my own Scottish harp I would sound,
    And each vault with its chords I would fill;
By each they are heard and from each they rebound,
    Till their echoes at last become still.

In dreams is no profit, in wishes no worth
    When stern destiny makes her decree.
'Twixt me and the hills of the land of my birth
    There are spread the wide waves of the sea.

This scion, the last of those warriors rare —
    Amid alien snows withers he.
My birth befell here, but my soul belongs there.
    Would that I a steppe-raven might be!

Translated by Cecil Kisch

НАДЕЖДА

Есть птичка рая у меня,
На кипарисе молодом
Она сидит во время дня,
Но петь никак не станет днем;
Лазурь небес — ее спина,
Головка — пурпур, на крылах
Пыль золотистая видна,
Как отблеск утра в облаках.
И только что земля уснет,
Одета мглой в ночной тиши,
Она на ветке уж поет
Так сладко, сладко для души,
Что поневоле тягость мук
Забудешь, внемля песни той,
И сердцу каждый тихий звук
Как гость приятен дорогой;
И часто в бурю я слыхал
Тот звук, который так люблю;
И я всегда надеждой звал
Певицу мирную мою!

1831

HOPE

I have a bird of paradise.
At dawn upon a cypress tree
She sits alone against the skies,
But sings no more by day to me.
Her back is of celestial blue,
Her head deep purple, and upon
Her wings the dust of golden hue
Reflects the brightness of the dawn.
But when the earth is slumbering
And evening mists begin to roll,
She rises on her bough to sing
So sweetly, sweetly to my soul,
That soon the burden of my pain
I fain forget before her lay,
And in my heart each tender strain
Comes as a faithful friend to stay.
Often her song so dear to me
I have in stormy weather heard:
Always of hope her song to me,
The song of my celestial bird.

Translated by Eugene M. Kayden

ЧАША ЖИЗНИ

1

Мы пьем из чаши бытия
    С закрытыми очами,
Златые омочив края
    Своими же слезами;

2

Когда же перед смертью с глаз
    Завязка упадает,
И всё, что обольщало нас,
    С завязкой исчезает;

3

Тогда мы видим, что пуста
    Была златая чаша,
Что в ней напиток был — мечта,
    И что она — не наша!

1831

THE CUP OF LIFE

We drink the cup of life — while yet
    Our eyes are bandaged tightly,
The golden brim with tears is wet,
    With tear-drops sparkles brightly;

But when the bandage falls from eyes
    As Death appears before us,
Then all the sweet enchantment flies,
    That held dominion o'er us.

Then we perceive the golden cup
    Was empty — empty ever —
That fancy filled the goblet up,
    And ours the draught was — never.

Translated by John Pollen

НЕБО И ЗВЕЗДЫ

Чисто вечернее небо,
Ясны далекие звезды,
Ясны как счастье ребенка;
О! для чего мне нельзя и подумать:
Звезды, вы ясны, как счастье мое!

Чем ты несчастлив? —
Скажут мне люди?
Тем я несчастлив,
Добрые люди, что звезды и небо —
Звезды и небо! — а я человек!..

Люди друг к другу
Зависть питают;
Я же, напротив,
Только завидую звездам прекрасным,
Только их место занять бы хотел.

1831

THE SKY AND THE STARS

Fair is the evening sky,
clear are stars in the distance,
as clear as the joy of an infant.
Oh, why can't I tell myself even in thought:
The stars are as clear as my joy!

What is your trouble —
people might query.
Just this is my trouble,
excellent people: the sky and the stars
are the stars and the sky, whereas I am a man.

People are envious
of one another.
I, on the contrary, —
only the beautiful stars do I envy,
only to be in their place do I wish.

Translated by Vladimir Nabokov

АНГЕЛ

По небу полуночи ангел летел
    И тихую песню он пел;
И месяц, и звезды, и тучи толпой
    Внимали той песне святой.

Он пел о блаженстве безгрешных духов
    Под кущами райских садов;
О Боге великом он пел, и хвала
    Его непритворна была.

Он душу младую в объятиях нес
    Для мира печали и слез,
И звук его песни в душе молодой
    Остался — без слов, но живой.

И долго на свете томилась она,
    Желанием чудным полна;
И звуков небес заменить не могли
    Ей скучные песни земли.

1831

THE ANGEL

An angel was crossing the pale vault of night,
    and his song was as soft as his flight,
and the moon and the stars and the clouds in a throng
    stood enthralled by this holy song.

He sang of the bliss of innocent shades
    in the depths of celestial glades;
he sang of the Sovereign Being, and free
    of guile was his eulogy.

He carried a soul in his arms, a young life
    to the world of sorrow and strife,
and the young soul retained the throb of that song
    — without words but vivid and strong.

And tied to this planet long did it pine
    full of yearnings dimly divine,
and our dull little ditties could not replace
    songs belonging to infinite space.

Translated by Vladimir Nabokov

* * *

Я видел раз ее в веселом вихре бала;
Казалось, мне она понравиться желала;
Очей приветливость, движений быстрота,
Природный блеск ланит и груди полнота —
Всё, всё наполнило б мне ум очарованьем,
Когда б совсем иным, бессмысленным желаньем
Я не был угнетен; когда бы предо мной
Не пролетала тень с насмешкою пустой,
Когда б я только мог забыть черты другие,
Лицо бесцветное и взоры ледяные!..

1830—1831

SHADOW

In the whirl of the ball, in the night, it was that I first beheld her,
And it seemed that to please my heart some impulse of soul impelled her:
Her eyes' glad welcoming light, and the swiftness and grace of her moving,
The natural glow of her cheeks, and her bosom rich for loving —
All, all would have filled my mind with charm and with happy dreaming,
If with another mad wish, with a wishful, half-sensed seeming,
My heart had not been oppressed — if ever anon before me
A mocking ineffable shade had not flown to rebuke and to score me:
If those other features I knew from my mind and my heart had but vanished,
That pale incurious face, those cold eyes that can never be banished.

Translated by C.E. L'Ami and Alexander Welikotny

ВОЛНЫ И ЛЮДИ

Волны катятся одна за другою
    С плеском и шумом глухим;
Люди проходят ничтожной толпою
    Также один за другим.
Волнам их воля и холод дороже
    Знойных полудня лучей;
Люди хотят иметь души... и что же? —
    Души в них волн холодней!

1830—1831

* * *

One wave upon another leaps,
　　And splashes, murmuring loud;
So men on men, in rolling heaps,
　　Press on — a worthless crowd.

The waves prefer their cold free-will
　　To warmth the noonday gave;
Souls men desire to have, yet still
　　They're colder than the wave.

Translated by John Pollen

МОЙ ДОМ

Мой дом везде, где есть небесный свод,
        Где только слышны звуки песен,
Всё, в чем есть искра жизни, в нем живет,
        Но для поэта он не тесен.

До самых звезд он кровлей досягает,
        И от одной стены к другой
Далекий путь, который измеряет
        Жилец не взором, но душой.

Есть чувство правды в сердце человека,
        Святое вечности зерно:
Пространство без границ, теченье века
        Объемлет в краткий миг оно.

И Всемогущим мой прекрасный дом
        Для чувства этого построен,
И осужден страдать я долго в нем
        И в нем лишь буду я спокоен.

1830—1831

MY HOME

Where'er spreads Heaven's arch, my home declare!
　　It lies wherever songs are sounded.
Though all who know the spark of life dwell there,
　　It gives to poet room unbounded.

Its roof aloft to highest starland rises;
　　From wall to wall how far the way!
How far, no eye of dweller yet comprises,
　　And this alone his soul shall say.

A touch of truth the heart of man presages,
　　Eternity's most sacred seed;
Of spaces infinite, of timeless ages
　　It grasps, a moment brief, the creed.

For this one tough Almighty God did build
　　And make for me my home enchanted:
For me to suffer long therein, He willed;
　　Yet there alone to rest 'tis granted.

Translated by Cecil Kisch

ПОТОК

Источник страсти есть во мне
          Великий и чудесный;
Песок серебряный на дне,
          Поверхность лик небесный;
Но беспрестанно быстрый ток
Воротит и крутит песок,
          И небо над водами
          Одето облаками.

Родится с жизнью этот ключ
          И с жизнью исчезает;
В ином он слаб, в другом могуч,
          Но всех он увлекает;
И первый счастлив, но такой
Я праздный отдал бы покой
          За несколько мгновений
          Блаженства иль мучений.

1830—1831

TIDES

In me, sublime and swift of race
    The springs of passion rise;
Their beds are silver sand; their face,
    The likeness of the skies.
The tides, undying, in a rout
Drive and whirl the sand about
    While skies in riven shrouds
    Grow gloomier with clouds.

The fountain-tides of being come
    And with each life depart;
However weak or strong in some,
    They dwell in every heart.
The weak are happy, but I know
Their empty peace I would let go
    If I could only gain
    One hour of joy or pain.

Translated by Eugene M. Kayden

* * *

Нет, я не Байрон, я другой,
Еще неведомый избранник,
Как он гонимый миром странник,
Но только с русскою душой.
Я раньше начал, кончу ране,
Мой ум не много совершит,
В душе моей, как в океане,
Надежд разбитых груз лежит.
Кто может, океан угрюмый,
Твои изведать тайны? кто
Толпе мои расскажет думы?
Я — или Бог — или никто!

1832

* * *

No, I'm not Byron, it's my role
To be an undiscovered wonder,
Like him, a persecuted wand'rer,
But furnished with a Russian soul.
I started sooner, sooner ending,
My mind will never reach so high;
Within my soul, beyond the mending,
My shattered aspirations lie:
Dark ocean answer me, can any
Plumb all your depth with skillful trawl?
Who will explain me to the many?
I... perhaps God?.. No one at all?

Translated by Alan Myers

ЖЕЛАНЬЕ

Отворите мне темницу,
Дайте мне сиянье дня,
Черноглазую девицу,
Черногривого коня.
Дайте раз по синю полю
Проскакать на том коне;
Дайте раз на жизнь и волю,
Как на чуждую мне долю,
Посмотреть поближе мне.

Дайте мне челнок дощатый
С полусгнившею скамьей,
Парус серый и косматый,
Ознакомленный с грозой.
Я тогда пущуся в море,
Беззаботен и один,
Разгуляюсь на просторе
И потешусь в буйном споре
С дикой прихотью пучин.

Дайте мне дворец высокой
И кругом зеленый сад,
Чтоб в тени его широкой
Зрел янтарный виноград;
Чтоб фонтан, не умолкая,
В зале мраморном журчал
И меня б в мечтаньях рая,
Хладной пылью орошая,
Усыплял и пробуждал...

1832

THE WISH

Open the door of my prison,
let me see the daylight again,
give me a black-eyed maiden
and a horse with a jet-black mane.
Over the wide blue grassland
let that courser carry me,
and just once, just a little closer,
let me glance at that alien portion —
that life and that liberty.

Give me a leaky sailboat
with a bench of half-rotten wood
and a well-worn sail all hoary
from the tempests it has withstood.
Then I shall launch on my voyage,
friendless and therefore free,
and shall have my fling in the open
and delight in the mighty struggle
with the savage whim of the sea.

Give me a lofty palace
with an arbour all around
where amber grapes would ripen
and the broad shade fleck the ground.
Let an ever-purling fountain
among marble pillars play
and lull me to sleep and wake me
in a halo of heavenly visions
and the cool dust of its spray.

Translated by Vladimir Nabokov

К *

1

Прости! — мы не встретимся боле
　　Друг другу руки не пожмем;
Прости! — твое сердце на воле...
　　Но счастья не сыщет в другом.
Я знаю: с порывом страданья
　　Опять затрепещет оно,
Когда ты услышишь названье
　　Того, кто погиб так давно!

2

Есть звуки — значенье ничтожно,
　　И презрено гордой толпой —
Но их позабыть невозможно:
　　Как жизнь, они слиты с душой;
Как в гробе, зарыто былое
　　На дне этих звуков святых;
И в мире поймут их лишь двое,
　　И двое лишь вздрогнут от них!

3

Мгновение вместе мы были,
　　Но вечность — ничто перед ним;
Все чувства мы вдруг истощили,
　　Сожгли поцелуем одним;
Прости! — не жалей безрассудно,
　　О краткой любви не жалей:
Расстаться казалось нам трудно,
　　Но встретиться было б трудней!

1832

NEVERMORE WE SHALL MEET

Farewell! Nevermore we shall meet,
Nevermore embrace! You are free!
Farewell! But in vain you believe
There is happiness fated to be.
I know: Your spirit will tremble
Again with passion and woe
Whenever my name will be spoken,
A name to you dead long ago.

There are sounds too scornfully heard,
Profaned as unmeaning and droll
By the crowd, but always remembered
As the intimate speech of the soul.
Our life lies entombed, deep-buried,
Enshrined in the bliss of a sound:
Two spirits alone will tremble,
Only two, at its meaning profound.

We came for a moment together,
And what's more immortal than this?
Our senses that moment lay wasted,
Consumed in the flame of a kiss.
Farewell! Do not grieve for me vainly,
Do not grieve for love and defeat:
Too bitter it seemed at parting;
More bitter our lot should we meet!

Translated by Eugene M. Kayden

ПАРУС

Белеет парус одинокой
В тумане моря голубом!..
Что ищет он в стране далекой?
Что кинул он в краю родном?..

Играют волны — ветер свищет,
И мачта гнется и скрыпит...
Увы! он счастия не ищет
И не от счастия бежит!

Под ним струя светлей лазури,
Над ним луч солнца золотой...
А он, мятежный, просит бури,
Как будто в бурях есть покой!

1832

THE SAIL

Amid the blue haze of the ocean
a sail is passing, white and frail.
What do you seek in a far country?
What have you left at home, lone sail?

The billows play, the breezes whistle,
and rhythmically creaks the mast.
Alas, you seek no happy future,
nor do you flee a happy past.

Below the mirrored azure brightens,
above the golden rays increase —
but you, wild rover, pray for tempests
as if in tempests there was peace!

Translated by Vladimir Nabokov

ТРОСТНИК

Сидел рыбак веселый
    На берегу реки;
И перед ним по ветру
    Качались тростники.
Сухой тростник он срезал
    И скважины проткнул;
Один конец зажал он,
    В другой конец подул.

И будто оживленный,
    Тростник заговорил;
То голос человека
    И голос ветра был.
И пел тростник печально:
    «Оставь, оставь меня;
Рыбак, рыбак прекрасный,
    Терзаешь ты меня!

И я была девицей,
    Красавица была,
У мачехи в темнице
    Я некогда цвела,
И много слез горючих
    Невинно я лила;
И раннюю могилу
    Безбожно я звала.

И был сынок любимец
    У мачехи моей;
Обманывал красавиц,
    Пугал честных людей.
И раз пошли под вечер
    Мы на берег крутой,
Смотреть на сини волны,
    На запад золотой.

Моей любви просил он...
    Любить я не могла,

THE REED

Once a merry merry fisher
    Sat by a stream; before
Him slender reeds were swaying
    Along the winding shore.
The reed he cut was slender,
    The stops he made were few;
He closed one end, and into
    The other and he blew.
Then like a spirit wakened
    The reed began a strain.
It was the voice of breezes,
    It was the voice of pain.
The slender reed sang gently:
    «O life! O misery!
O merry merry fisher,
    Why do you waken me?
I was a fair young maiden,
    My cheeks were rose and snow.
In my foster mother's house
    I blossomed long ago;
But many bitter tears
    In innocence I shed,
And oft I prayed, in sorrow,
    To be among the dead.
I had a foster brother
    In manner unafraid,
A surly lad with neighbors,
    With every man and maid.
One day beside this river
    At time of evening glow,
We saw the sun go down
    And heard the waters flow.
He called me his beloved;
    My heart to him was cold.
He promised gold and riches,
    But I refused his gold.
He drew his shining dagger,
    He let me die alone;

И деньги мне дарил он —
    Я денег не брала;
Несчастную сгубил он,
    Ударил в грудь ножом;
И здесь мой труп зарыл он
    На берегу крутом;

И над моей могилой
    Взошел тростник большой,
И в нем живут печали
    Души моей младой;
Рыбак, рыбак прекрасный,
    Оставь же свой тростник;
Ты мне помочь не в силах,
    А плакать не привык».

1832

And here my body buried
    Lies in a grave unknown.
Above my grave in secret
    Reeds quivering arose
As bodies for my sorrows,
    As veins of all my woes.
O merry merry fisher,
    O bear me gentle ruth:
No song can change my sorrow,
    Or rue my golden youth!»

Translated by Eugene M.Kayden

РУСАЛКА

1

Русалка плыла по реке голубой,
    Озаряема полной луной;
И старалась она доплеснуть до луны
    Серебристую пену волны.

2

И шумя и крутясь, колебала река
    Отраженные в ней облака;
И пела русалка — и звук ее слов
    Долетал до крутых берегов.

3

И пела русалка: «На дне у меня
    Играет мерцание дня;
Там рыбок златые гуляют стада,
    Там хрустальные есть города.

4

И там на подушке из ярких песков,
    Под тенью густых тростников,
Спит витязь, добыча ревнивой волны,
    Спит витязь чужой стороны...

5

Расчесывать кольцы шелковых кудрей
    Мы любим во мраке ночей,
И в чело и в уста мы, в полуденный час,
    Целовали красавца не раз.

6

Но к страстным лобзаньям, не знаю зачем,
    Остается он хладен и нем;
Он спит, — и склонившись на перси ко мне,
    Он не дышет, не шепчет во сне!».

THE MERMAID

A mermaid swam in the tremulous gleam
  Of the rising moon on a stream;
The brim of the moon she was striving to lave
  In the silvery foam of the wave.

The river, with many a shuddering cloud,
  With swirling of waters, was loud.
The mermaid sang, and the strain of the song
  On the river echoed for long.

The mermaid sang: «In our stream far away
  The sunrays quiver at play,
Where crystalline towers arise in the night,
  And goldfish gleam in their flight.

«And there on a pillow of glistening sand,
  Among reeds, in a shadowy land,
A knight in full armor lies fair in his sleep
  In the jealous heart of the deep.

«We mermaids are combing the locks of his hair,
  In the boundless dark of his lair;
We clasp as a lover the knight in the tide;
  We dance and in loveliness glide.

«Our love and caresses of passion implore
  In vain the fair knight evermore!
He sleeps in the pool of the cavernous deep,
  Nor whispers a word in his sleep».

7

Так пела русалка над синей рекой,
    Полна непонятной тоской;
И шумно катясь, колебала река
    Отраженные в ней облака.

1832

So sang the mermaid her song on the stream
  With anguish of love in a dream;
The river, with many a shuddering cloud,
  With swirling of waters, was loud.

Translated by Eugene M. Kayden

УМИРАЮЩИЙ ГЛАДИАТОР

I see before me the gladiator lie...
Byron*.

Ликует буйный Рим... торжественно гремит
Рукоплесканьями широкая арена:
А он — пронзенный в грудь — безмолвно он лежит,
Во прахе и крови скользят его колена...
И молит жалости напрасно мутный взор:
Надменный временщик и льстец его сенатор
Венчают похвалой победу и позор...
Что знатным и толпе сраженный гладиатор?
Он презрен и забыт... освистанный актер.

И кровь его течет — последние мгновенья
Мелькают, — близок час... вот луч воображенья
Сверкнул в его душе... пред ним шумит Дунай...
И родина цветет... свободный жизни край;
Он видит круг семьи, оставленный для брани,
Отца, простершего немеющие длани,
Зовущего к себе опору дряхлых дней...
Детей играющих — возлюбленных детей.
Все ждут его назад с добычею и славой,
Напрасно — жалкий раб, — он пал, как зверь лесной,
Бесчувственной толпы минутною забавой...
Прости, развратный Рим, — прости, о край родной...

Не так ли ты, о европейский мир,
Когда-то пламенных мечтателей кумир,
К могиле клонишься бесславной головою,
Измученный в борьбе сомнений и страстей,
Без веры, без надежд — игралище детей,
Осмеянный ликующей толпою!

И пред кончиною ты взоры обратил
С глубоким вздохом сожаленья

---

* Сраженный гладиатор предо мной... Байрон. (*Пер. В. Левика*).

THE DYING GLADIATOR

I see before me the gladiator lie.
Byron

Rome roars with joy. The arena hears the cries,
The thunder of applause and shouts of lust.
But he, stabbed in the heart, in silence lies
Alone, and slowly sinks in blood and dust.
In vain his troubled gaze in dying flame
Implores their mercy. Proud senator and lord
Crown one man's victory, another's shame,
And mobs, unmoved by pity and reward
Alike, the fallen hiss, and jeer his name.

His blood is running out. Each moment nearer
The fateful end, but in his vision dearer
Than life itself how wide the Danube gleams
In light, how free the summer fields! He dreams
About his children whom for war and fame
He left, his father bent by age, his wife
Who waits upon his coming home in vain,
While he, a slave, a beast for pleasure slain,
Is dying for the rabble's sport and game!..
Farewell, O Rome! Farewell to home and life!

O Europe, a name once glorious and dear,
The shrine of all men's dreams of joy and fear,
By struggles worn, in doubt and lassitude
You live unhonored in unfaith today,
In hopelessness, a plaything swept away,
Mocked by exulting multitudes!..

And now, before your last despairing hour,
With sighing deep, you muse upon your youth
In strength and light appareled, your ancient dower
Of thought neglected long, your home of truth
Blighted by luxury, by pride and power.
You thirst, in sorrow, in your hour of dying,
For old abodes, old songs, and fabled schemes,

На юность светлую, исполненную сил,
Которую давно для язвы просвещенья,
Для гордой роскоши беспечно ты забыл:
Стараясь заглушить последние страданья,
Ты жадно слушаешь и песни старины
И рыцарских времен волшебные преданья —
Насмешливых льстецов несбыточные сны.

1836

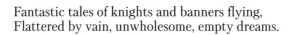

Fantastic tales of knights and banners flying,
Flattered by vain, unwholesome, empty dreams.

Translated by Eugene M. Kayden

БОРОДИНО

«Скажи-ка, дядя, ведь недаром
Москва, спаленная пожаром,
         Французу отдана?
Ведь были ж схватки боевые?
Да, говорят, еще какие!
Не даром помнит вся Россия
         Про день Бородина!»

— Да, были люди в наше время,
Не то, что нынешнее племя:
         Богатыри — не вы!
Плохая им досталась доля:
Не многие вернулись с поля...
Не будь на то Господня воля,
         Не отдали б Москвы!

Мы долго молча отступали,
Досадно было, боя ждали,
         Ворчали старики:
«Что ж мы? на зимние квартиры?
Не смеют что ли, командиры
Чужие изорвать мундиры
         О русские штыки?»

И вот нашли большое поле:
Есть разгуляться где на воле!
         Построили редут.
У наших ушки на макушке!
Чуть утро осветило пушки
И леса синие верхушки —
         Французы тут как тут.

Забил заряд я в пушку туго
И думал: угощу я друга!
         Постой-ка, брат мусью!
Что тут хитрить, пожалуй к бою;

BORODINO

«Come tell me, was it all for naught
That Moscow burned, although we fought
    And would not yield?
Come, Uncle, tell the tale again
Of how we fought with might and main,
And men remember, not in vain,
    Our Borodino's field».

«Yes, in our time the men were men,
And from the heat of battle then
    How few returned,
How few returned their fields to till!
Heroes — not lads like you — they still
Fought on, but could not stay God's will,
    That Moscow burned.

«We beat retreat by day and night,
We fumed and waited for the fight;
    The old men jeered:
'We'd better winter in the bogs,
And build up huts and bring in logs,
But never turn to face the Frogs,
    And singe their beard.'

«But then a noble stretch of ground
To build a great redoubt we found,
    And there entrench.
All night we listened. Naught astir!
But when the dawn touched fir by fir
And lit the guns — why then, good sir,
    We saw the French.

«I had my powder tightly rammed.
I'll serve you now, and you be damned,
    My fine Mounseer!
No hope for you to lurk and crawl;

Уж мы пойдем ломить стеною,
Уж постоим мы головою
      За родину свою!

Два дня мы были в перестрелке.
Что толку в этакой безделке?
      Мы ждали третий день.
Повсюду стали слышны речи:
«Пора добраться до картечи!»
И вот на поле грозной сечи
      Ночная пала тень.

Прилег вздремнуть я у лафета,
И слышно было до рассвета,
      Как ликовал француз.
Но тих был наш бивак открытый:
Кто кивер чистил весь избитый,
Кто штык точил, ворча сердито,
      Кусая длинный ус.

И только небо засветилось,
Всё шумно вдруг зашевелилось,
      Сверкнул за строем строй.
Полковник наш рожден был хватом:
Слуга царю, отец солдатам...
Да, жаль его: сражен булатом,
      Он спит в земле сырой.

И молвил он, сверкнув очами:
«Ребята! не Москва ль за нами?
      Умремте же под Москвой,
Как наши братья умирали!»
— И умереть мы обещали,
И клятву верности сдержали
      Мы в бородинский бой.

Ну ж был денек! Сквозь дым летучий
Французы двинулись как тучи,
      И всё на наш редут.
Уланы с пестрыми значками,
Драгуны с конскими хвостами,
Все промелькнули перед нами,
      Все побывали тут.

Вам не видать таких сражений!..
Носились знамена, как тени,
      В дыму огонь блестел,

We'll stand against you like a wall;
And if needs must, we'll give our all
  For Moscow, here.

«For three whole days without a change
We only shot at distant range;
  No use at all!
You heard men saying left and right,
It's time to buckle to and fight —
Until across the fields the night
  Began to fall.

«I lay to sleep beside my gun,
But heard the cheer, till night was done,
  The Frenchmen made.
Our men were quiet. One would sit
And mend his coat where it was slit,
Or bite his long moustache and spit
  And clean his blade.

«The very hour night was fled
Our guns began to move ahead:
  My God, the rattle!
Our officers were gallant then;
They served their Tsar and loved their men,
They lie asleep in field or fen,
  Who led the battle.

«The Colonel set our hearts astir:
'Moscow's behind. My lads, for her,
  As all have heard,
Our fathers fought with might and main.
Let's swear to die for her again'.
And there on Borodino's plain
  We kept our word.

«That was a day. Towards our redoubt
We saw the Frenchmen gallop out
  Through smoky air,
Dragoons as bright as on parade,
And blue hussars with golden braid,
And Uhlans — what a show they made!
  They all were there.

«That was a day will never die:
The flags like spirits streaming by —
  A fire ahead —

Звучал булат, картечь визжала,
Рука бойцов колоть устала,
И ядрам пролетать мешала
    Гора кровавых тел.

Изведал враг в тот день немало,
Что значит русский бой удалый,
    Наш рукопашный бой!..
Земля тряслась — как наши груди,
Смешались в кучу кони, люди,
И залпы тысячи орудий
    Слились в протяжный вой...

Вот смерклось. Были все готовы
Заутра бой затеять новый
    И до конца стоять...
Вот затрещали барабаны —
И отступили басурманы.
Тогда считать мы стали раны,
    Товарищей считать.

Да, были люди в наше время,
Могучее, лихое племя:
    Богатыри — не вы.
Плохая им досталась доля:
Не многие вернулись с поля.
Когда б на то не Божья воля,
    Не отдали б Москвы!

1837

The clash of steel — the cannon's blast —
Our arms too weak to slay at last:
But few the bullets were that passed
     Our wall of dead.

«That day the foeman learned aright
The way we Russian soldiers fight —
     Fierce hand to hand,
Horses and men together laid,
And still the thundering cannonade;
Our breasts were trembling, as it made
     Tremble the land.

«Then darkness fell on hill and plain;
Yet we were game to fight again
     When dawn was red,
Till all at once the drums began,
And as they rolled the Frenchmen ran;
And we must reckon, man by man,
     Our friends, the dead.

«Yes, in our time the men were men;
Soldiers — not lads like you — were then
     Heroes indeed!
Hard was the fate their courage earned;
Not many from the field returned,
And never had our Moscow burned —
     But God decreed».

Translated by Frances M. Cornford

СМЕРТЬ ПОЭТА

Погиб поэт! — невольник чести —
Пал, оклеветанный молвой,
С свинцом в груди и жаждой мести,
Поникнув гордой головой!..
Не вынесла душа поэта
Позора мелочных обид,
Восстал он против мнений света
Один как прежде... и убит!
Убит!.. к чему теперь рыданья,
Пустых похвал ненужный хор,
И жалкий лепет оправданья?
Судьбы свершился приговор!
Не вы ль сперва так злобно гнали
Его свободный, смелый дар
И для потехи раздували
Чуть затаившийся пожар?
Что ж? веселитесь... — он мучений
Последних вынести не мог:
Угас, как светоч, дивный гений,
Увял торжественный венок.

Его убийца хладнокровно
Навел удар... спасенья нет:
Пустое сердце бьется ровно,
В руке не дрогнул пистолет.
И что за диво?.. издалека,
Подобный сотням беглецов,
На ловлю счастья и чинов
Заброшен к нам по воле рока;
Смеясь, он дерзко презирал
Земли чужой язык и нравы;
Не мог щадить он нашей славы;
Не мог понять в сей миг кровавый,
На что он руку поднимал!..

  И он убит — и взят могилой,
  Как тот певец, неведомый, но милый,
  Добыча ревности глухой,

THE POET'S DEATH

The poet is dead, a slave to honor,
A sacrifice to slander, — dead!
With a cry of vengeance on his lips,
He bowed at last his kingly head.
His spirit could no longer bear
Dishonor, infamy, and pain;
Alone he rose once more against
A hostile world, but now he's slain.
Slain! Of what use your grief and tears,
Your barren praise beside his tomb,
Your cringing words of vindication,
When destiny has sealed his doom?
You hounded him and long had stifled
His free and wondrous song and fame!
You fanned, for pleasure and amusement,
His silent passions to a flame!
Rejoice outright! Before the final
Sorrow his head he would not bow:
Now dark the light divine, and faded
The crown of glory on his brow.

The ruthless slayer dealt his blow
With cold and calculated aim;
His heart was blind, his hand was steady,
And straight the cruel path of flame.
Why stare in wonder, why bewildered?
An adventurer of an alien race,
He came, like other greedy seekers
After fortune and official place.
What cared he for our speech and glory,
The faith and honor of our land?
How could he know, the blind despiser,
Against whom in hate he raised his hand?

Oh, slain! Our glory is no more!
Like the slain hero of his story dear
To us, the prey of jealous fear,

Воспетый им с такою чудной силой,
Сраженный, как и он, безжалостной рукой.

Зачем от мирных нег и дружбы простодушной
Вступил он в этот свет завистливый и душный
Для сердца вольного и пламенных страстей?
Зачем он руку дал клеветникам ничтожным,
Зачем поверил он словам и ласкам ложным,
     Он, с юных лет постигнувший людей?..

И прежний сняв венок, — они венец терновый,
Увитый лаврами, надели на него:
     Но иглы тайные сурово
     Язвили славное чело;
Отравлены его последние мгновенья
Коварным шепотом насмешливых невежд,
     И умер он — с напрасной жаждой мщенья,
С досадой тайною обманутых надежд.
     Замолкли звуки чудных песен,
     Не раздаваться им опять:
     Приют певца угрюм и тесен,
     И на устах его печать.

* * *

     А вы, надменные потомки
Известной подлостью прославленных отцов,
Пятою рабскою поправшие обломки
Игрою счастия обиженных родов!
Вы, жадною толпой стоящие у трона,
Свободы, Гения и Славы палачи!
     Таитесь вы под сению закона,
     Пред вами суд и правда — всё молчи!..
Но есть и Божий суд, наперсники разврата!
     Есть грозный суд: он ждет;
     Он не доступен звону злата,
И мысли и дела он знает наперед.
Тогда напрасно вы прибегнете к злословью:
     Оно вам не поможет вновь,
И вы не смоете всей вашей черной кровью
     Поэта праведную кровь!

1837

The youth he sang in verses full and clear,
Our poet is no more!..

Why did he leave the quiet ways of friendship plain?
Why did he seek a world where envy and disdain
The mind and heart impassioned overthrow?
Why did he clasp the hands of slanderers so base,
Believe their lying words, their false embrace,
He who from youth had learned mankind to know?

They took the poet's crown away; a wreath
Of thorn and laurel on him they laid, and now
Its hidden spines with cruel sting
Have seared his lofty brow...
Designing whisperers and crafty tongues
Maddened his days, and filled with hate his rest.
And thus he died, athirst with vain revenge,
With hopes defeated in his warring breast.

The sounds of song divine are still,
Never on earth again to peal:
The Singer's bed is dark and chill;
Upon his lips, the twilight seal...

* * *

But you, the spawn of worldly pride,
Breed of corruption, infamy, and shame,
And you, who crush with servile heel
The remnants of the lowly name, —
Hangmen of freedom, glory, thought,
A greedy pack who swarm around the throne, —
You hide behind the shadow of the law,
And mock at right and justice overthrown!
But God is just! A mighty judge, our God,
O men of crime! He waits!
The clink of gold will not avail!
He knows your infamies and hates!
Your slander then will help no more,
Nor will the sullen flood
Of your black gore then wash away
The poet's righteous blood!

Translated by Eugene M. Kayden

ВЕТКА ПАЛЕСТИНЫ

Скажи мне, ветка Палестины:
Где ты росла, где ты цвела?
Каких холмов, какой долины
Ты украшением была?

У вод ли чистых Иордана
Востока луч тебя ласкал,
Ночной ли ветр в горах Ливана
Тебя сердито колыхал?

Молитву ль тихую читали
Иль пели песни старины,
Когда листы твои сплетали
Солима бедные сыны?

И пальма та жива ль поныне?
Всё так же ль манит в летний зной
Она прохожего в пустыне
Широколиственной главой?

Или в разлуке безотрадной
Она увяла, как и ты,
И дольний прах ложится жадно
На пожелтевшие листы?..

Поведай: набожной рукою
Кто в этот край тебя занес?
Грустил он часто над тобою?
Хранишь ты след горючих слез?

Иль, Божьей рати лучший воин,
Он был, с безоблачным челом,
Как ты, всегда небес достоин
Перед людьми и божеством?..

Заботой тайною хранима
Перед иконой золотой

THE PALM OF PALESTINE

Tell, me O palm of Palestine,
Where was your home? on what hillside?
In what green valley, of what stream,
Were you the glory and the pride?

Was it near Jordan's silver waters
Caressed by Eastern skies at dawn?
Or did wild winds of wilder night
Blow over you from Lebanon?

And as your leaves they plaited slow,
The lowly sons of Solyma,
Did they intone a quiet prayer,
In chorus sing an ancient lay?

And does the palm tree live today,
And bear aloft her leafy crown
To bless the weary traveler,
When on the waste the sun beats down?

Or did it pine like you away,
In bitter separation die?
Endure the dust of deserts round
Upon the yellow leaves to lie?

O speak! Who brought you from a land
Afar? What pilgrim saint with sighs
And prayer then held you to his breast,
And shrined you under northern skies?

Was he a consecrated knight
Who drew for God his shining sword?
And did he die, deserving grace,
Like a warrior before his Lord?

Preserved by loving care, you stand,
O palm of ancient Palestine,

Стоишь ты, ветвь Ерусалима,
Святыни верный часовой!

Прозрачный сумрак, луч лампады,
Кивот и крест, символ святой...
Всё полно мира и отрады
Вокруг тебя и над тобой.

1837

Beside the icon of pure gold —
A faithful guardian of the shrine.

The evening now is soft with light;
The ark, the cross, the holy sign;
The peace of heaven dwells above,
Around you, O palm of Palestine.

Translated by Eugene M.Kayden

УЗНИК

Отворите мне темницу,
Дайте мне сиянье дня,
Черноглазую девицу,
Черногривого коня!
Я красавицу младую
Прежде сладко поцелую,
На коня потом вскочу,
В степь, как ветер, улечу.

*

Но окно тюрьмы высоко,
Дверь тяжелая с замком;
Черноокая далеко,
В пышном тереме своем;
Добрый конь в зеленом поле
Без узды, один, по воле
Скачет весел и игрив,
Хвост по ветру распустив.

*

Одинок я — нет отрады:
Стены голые кругом,
Тускло светит луч лампады
Умирающим огнем;
Только слышно: за дверями,
Звучномерными шагами,
Ходит в тишине ночной
Безответный часовой.

1837

THE PRISONER

Open up this dreary prison!
Let me see the day outside.
Let me have a black-eyed maiden,
And a black-maned horse to ride.
First I'll kiss my dark-eyed beauty
Long and tenderly; then, leaping
On my horse with jet-black mane,
I'll whirl away across the plain.

High the prison's narrow window,
Stout the door, and bolted tight;
Far away, in her high tower,
Waits the maiden through the night.
My faithful steed, in some green meadow,
Happily, without his bridle,
Romps and plays, alone and free,
His tail aflutter in the breeze.

I'm alone: none can console me.
The naked walls crowd close about;
The ikon lamp is burning dimly —
Slowly, surely flickering out.
Only one sound breaks the stillness:
Through the night hours, as I listen
Ceaselessly, I hear with dread
The tight-lipped sentry's measured tread.

Translated by Guy Daniels

СОСЕД

Кто б ни был ты, печальный мой сосед,
Люблю тебя, как друга юных лет,
    Тебя, товарищ мой случайный,
Хотя судьбы коварною игрой
Навеки мы разлучены с тобой
    Стеной теперь — а после тайной.

Когда зари румяный полусвет
В окно тюрьмы прощальный свой привет
    Мне умирая посылает
И, опершись на звучное ружье,
Наш часовой, про старое житье
    Мечтая, стоя засыпает,

Тогда, чело склонив к сырой стене,
Я слушаю — и в мрачной тишине
    Твои напевы раздаются.
О чем они — не знаю; но тоской
Исполнены, и звуки чередой,
    Как слезы, тихо льются, льются...

И лучших лет надежды и любовь
В груди моей всё оживает вновь,
    И мысли далеко несутся,
И полон ум желаний и страстей,
И кровь кипит — и слезы из очей,
    Как звуки, друг за другом льются.

1837

MY NEIGHBOR

Dear lonely neighbor whom I cannot know,
My prison friend in suffering and woe,
      I love you as a friend of old
Remembered, though by men's design and fate
From you divided, victim of their hate,
      I never shall your face behold.

When in the twilight glow of fading day
My prison window burns with farewell ray
      Of light declining in the West,
And when the sentinel on watch beside
His post, forgetful, dreams at eventide
      Of kindliness at home and rest,

I press my forehead then against the wall,
And listen. In the gloom of evenfall
      Your song how mournful in my ears!
I cannot hear your words of breaking pain;
I can only hear the anguish of their strain
      Flow in the quiet, flow like tears.

And in my heart awakens then once more
My hope of better years that went before,
      My dream of love so long ago;
My fancies wing in regions far, unrest
In every vein, and passion in my breast,
      And tears like soundless music flow.

Translated by Eugene M. Kayden

* * *

Когда волнуется желтеющая нива
И свежий лес шумит при звуке ветерка,
И прячется в саду малиновая слива
Под тенью сладостной зеленого листка;

Когда росой обрызганный душистой,
Румяным вечером иль утра в час златой,
Из-под куста мне ландыш серебристый
Приветливо кивает головой;

Когда студеный ключ играет по оврагу
И, погружая мысль в какой-то смутный сон,
Лепечет мне таинственную сагу
Про мирный край, откуда мчится он, —

Тогда смиряется души моей тревога,
Тогда расходятся морщины на челе, —
И счастье я могу постигнуть на земле,
И в небесах я вижу Бога...

1837

* * *

When fields of rye wave golden in the wind,
And green woods echo in the singing breeze,
And purpling berries shyly peer behind
A bush in cool-sweet shade of greening trees;

And when at dusk, or when the morning shines,
Scented with dew the lilies silver-fair
Nod languidly among the garden vines
With smiles of tender greeting in the air;

And when the brook runs bubbling in the vale
And lulls my thought in dreamland's dim repose,
While murmuring a sweet mysterious tale
To me of peaceful lands from whence it flows,

Then, calm, at peace again I slowly plod;
Then, humbled, I forget my heart's distress;
I then behold on earth my happiness,
And in the sky the face of God...

Translated by Eugene M. Kayden

МОЛИТВА

Я, Матерь Божия, ныне с молитвою
Пред твоим образом, ярким сиянием,
Не о спасении, не перед битвою,
Не с благодарностью иль покаянием,

Не за свою молю душу пустынную,
За душу странника в свете безродного;
Но я вручить хочу деву невинную
Теплой заступнице мира холодного.

Окружи счастием душу достойную;
Дай ей сопутников, полных внимания,
Молодость светлую, старость покойную,
Сердцу незлобному мир упования.

Срок ли приблизится часу прощальному
В утро ли шумное, в ночь ли безгласную,
Ты восприять пошли к ложу печальному
Лучшего ангела душу прекрасную.

1837

PRAYER

Praying now earnestly, Mother of God, come I,
    Bending before thy shrine radiant in brilliancy,
Not for salvation, of battle-eve benison,
    Not with thanksgiving, or even repentancy.

Not for my own sad soul lost in the wilderness,
    Soul of a pilgrim here wandering homelessly;
But for a maiden pure, whom I would trust to thee,
    Fervid Protectress from cold inhumanity!

Circle with Fortune this maiden deserving it;
    Grant her considerate friends on life's pilgrimage,
Youth of bright buoyancy, age of reposefulness;
    Grant to her sinless soul Hope's happy peacefulness.

Then — when the farewell hour finally draweth nigh, —
    Whether in morn's hum, or silence of eventide, —
Send forth the best of thine angels to take to thy
    Bosom of mercy her peerlessly perfect soul!

Translated by John Pollen

* * *

Расстались мы; но твой портрет
Я на груди своей храню:
Как бледный призрак лучших лет,
Он душу радует мою.

И новым преданный страстям,
Я разлюбить его не мог:
Так храм оставленный — всё храм,
Кумир поверженный — всё Бог!

1837

* * *

We parted, but within my heart
I keep your image ever true;
A paling dream of days apart
And best, it brings me joy anew.

And though a slave of passion, still
My love endures: An empty shrine
Abides — a shrine upon a hill;
The idol fallen — still divine.

Translated by Eugene M. Kayden

* * *

Я не хочу, чтоб свет узнал
Мою таинственную повесть;
Как я любил, за что страдал,
Тому судья лишь Бог да совесть!..

Им сердце в чувствах даст отчет;
У них попросит сожаленья;
И пусть меня накажет тот,
Кто изобрел мои мученья;

Укор невежд, укор людей
Души высокой не печалит;
Пускай шумит волна морей,
Утес гранитный не повалит;

Его чело меж облаков,
Он двух стихий жилец угрюмый,
И кроме бури да громов
Он никому не вверит думы...

1837

* * *

I do not want the world to hear
The story of my secret love;
What bitter anguish I must bear
My conscience knows — and God above:

To them alone my heart can go,
And only they shall pity me;
And He that made me suffer so
Shall be the one to punish me.

The lofty spirit can ignore
The censure of a stupid throng:
O let the pounding breakers roar!
The granite cliff is proud and strong;

Within both elements he dwells,
His rugged forehead reared on high
Among the clouds: his thoughts he tells
To no one but the stormy sky.

Translate by Michael Whittock

* * *

Спеша на север издалека,
Из теплых и чужих сторон,
Тебе, Казбек, о страж востока,
Принес я, странник, свой поклон.

Чалмою белою от века
Твой лоб наморщенный увит,
И гордый ропот человека
Твой гордый мир не возмутит.

Но сердца тихого моленье
Да отнесут твои скалы
В надзвездный край, в твое владенье,
К престолу вечному Аллы.

Молю, да снидет день прохладный
На знойный дол и пыльный путь,
Чтоб мне в пустыне безотрадной
На камне в полдень отдохнуть.

Молю, чтоб буря не застала,
Гремя в наряде боевом,
В ущелье мрачного Дарьяла
Меня с измученным конем.

Но есть еще одно желанье!
Боюсь сказать! — душа дрожит!
Что если я со дня изгнанья
Совсем на родине забыт!

Найду ль там прежние объятья?
Старинный встречу ли привет?
Узнают ли друзья и братья
Страдальца, после многих лет?

Или среди могил холодных
Я наступлю на прах родной

* * *

Before I leave for home, Kazbék,
And hasten northward far away,
I come, O watchman of the East,
Alone within thy gorge to pray.

Since time began a shining turban
Thy wrinkled brow in snow has veiled;
Thy peace sublime and cliffs unshaken
Men in their strife have not assailed.

I come with prayer and humbly kneel
In thy retreat of snow and stone
Beneath the stars. O lift my prayer
To Allah's everlasting throne!

I pray: O send me days of coolness
On dusty trails! I ask the boon
Of quiet stone to guard my slumber
At rest in desert heat at noon.

I pray: In tempest and in thunder
Protect my weary, lonely course;
In gorge Daryál at night preserve me
And my bewildered, trembling horse.

Another prayer I have that rises
Within my yearning heart: O hear!
Am I forgotten altogether
By all my friends I hold so dear?

Will they at home embrace me gladly
With many a welcome at the door,
And will my friends as brothers greet me
Who suffered exile as before?

Or will I find among the gravestones
New graves with names of those I know —

Тех добрых, пылких, благородных,
Деливших молодость со мной?

О если так! своей метелью,
Казбек, засыпь меня скорей
И прах бездомный по ущелью
Без сожаления развей.

1837

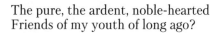

The pure, the ardent, noble-hearted
Friends of my youth of long ago?

Kazbék, O hear and then destroy me
In thy wilds of storm and snow, alone,
And let my homeless dust lie scattered
Within thy chasm, in death unknown.

Translated by Eugene M. Kayden

КИНЖАЛ

Люблю тебя, булатный мой кинжал,
Товарищ светлый и холодный.
Задумчивый грузин на месть тебя ковал,
На грозный бой точил черкес свободный.

Лилейная рука тебя мне поднесла
В знак памяти, в минуту расставанья,
И в первый раз не кровь вдоль по тебе текла,
Но светлая слеза — жемчужина страданья.

И черные глаза, остановясь на мне,
Исполненны таинственной печали,
Как сталь твоя при трепетном огне,
То вдруг тускнели, то сверкали.

Ты дан мне в спутники, любви залог немой,
И страннику в тебе пример не бесполезный:
Да, я не изменюсь и буду тверд душой,
Как ты, как ты, мой друг железный.

1838

DAGGER

I love you well, my steel-white dagger,
Comrade luminous and cold;
Forged by a Georgian dreaming vengeance,
Whetted by Circassians bold.

A tender hand, in grace of parting,
Gave you to mark a meeting brief;
For blood there glimmered on your metal
A shining tear — the pearl of grief.

And black eyes, clinging to my glances,
Filled deep with liquid sorrow seemed;
Like your clear blade where flame is trembling,
They darkened quickly and they gleamed.

You were to be my long companion.
Give me your counsel to the end!
I will be hard of soul and faithful,
Like you, my iron-hearted friend!

Translated by Max Eastman

* * *

Слышу ли голос твой
Звонкий и ласковый,
Как птичка в клетке
Сердце запрыгает;

Встречу ль глаза твои
Лазурно-глубокие,
Душа им навстречу
Из груди просится,

И как-то весело
И хочется плакать,
И так на шею бы
Тебе я кинулся.

1838

* * *

When your voice I hear
So tenderly ringing,
Like a captive bird
I wake with a song.

When your glance I meet,
Your azure eyes,
My soul arises
With longing for you.

I fain would weep
In my happiness:
Oh to hold you, dear,
Close to my heart!

Translated by Eugene M. Kayden

‹К ПОРТРЕТУ СТАРОГО ГУСАРА›

Смотрите, как летит, отвагою пылая...
Порой обманчива бывает седина:
Так мхом покрытая бутылка вековая
Хранит струю кипучего вина.

1838

* * *

See how he gallops, with what dash and daring:
White hair is sometimes a delusive sign;
Thus an old, cobwebbed, mold-encrusted bottle
May hold a ready stream of sparkling wine.

Translated by Babette Deutsch

ДУМА

Печально я гляжу на наше поколенье!
Его грядущее — иль пусто, иль темно,
Меж тем, под бременем познанья и сомненья,
В бездействии состарится оно.
Богаты мы, едва из колыбели,
Ошибками отцов и поздним их умом,
И жизнь уж нас томит, как ровный путь без цели,
Как пир на празднике чужом.
К добру и злу постыдно равнодушны,
В начале поприща мы вянем без борьбы;
Перед опасностью позорно малодушны,
И перед властию — презренные рабы.
Так тощий плод, до времени созрелый,
Ни вкуса нашего не радуя, ни глаз,
Висит между цветов, пришлец осиротелый,
И час их красоты — его паденья час!

Мы иссушили ум наукою бесплодной,
Тая завистливо от ближних и друзей
Надежды лучшие и голос благородный
Неверием осмеянных страстей.
Едва касались мы до чаши наслажденья,
Но юных сил мы тем не сберегли;
Из каждой радости, бояся пресыщенья,
Мы лучший сок навеки извлекли.

Мечты поэзии, создания искусства
Восторгом сладостным наш ум не шевелят;
Мы жадно бережем в груди остаток чувства —
Зарытый скупостью и бесполезный клад.
И ненавидим мы, и любим мы случайно,
Ничем не жертвуя ни злобе, ни любви,
И царствует в душе какой-то холод тайный,
Когда огонь кипит в крови.
И предков скучны нам роскошные забавы,
Их добросовестный, ребяческий разврат;
И к гробу мы спешим без счастья и без славы,
Глядя насмешливо назад.

MEDITATION

With sadness I survey our present generation!
Their future seems so empty, dark, and cold,
Weighed down beneath a load of knowing hesitation,
In idleness stagnating, growing old.
We have received, when barely finished weaning,
The errors of our sires, their tardiness of mind,
And life oppresses us, a flat road without meaning,
      An alien feast where we have dined.
T'ward good and evil shamefully uncaring
We wilt without a fight when starting on life's race;
When danger threatens us — ignoble want of daring,
Before those set on high — despicable and base.
      A wizened fruit grown ripe before its hour,
No pleasure to the eye and no delight to taste,
An orphan stranger there, he hangs beside the flower —
The time of its full bloom is his to fall and waste.

For we have dried our brains with fruitless speculations,
Withholding enviously from friends and those about
The ringing voice of lofty aspirations
      And noble passions, undermined by doubt.
Our lips have barely brushed the cup of delectation,
      But youthful strength we did not thus retain;
From every joy we found, in fear of saturation,
      We took the best and never came again.

The dreams of poesy, pure art, and its creation
With its sweet ecstasy our senses never move;
We greedily retain the remnants of sensation —
Dug deep and miserly, a useless treasure trove.
And we both love and hate by chance, without conviction,
We make no sacrifice for malice, or for good,
There reigns within our souls a kind of chill constriction,
      Whene'er the flame ignites the blood.
The pastimes of our sires we think a boring story,
Their guileless, boyish dissipations unrefined;
We hurry to our graves, unhappy, without glory,
With one last sneering glance behind.

Толпой угрюмою и скоро позабытой,
Над миром мы пройдем без шума и следа,
Не бросивши векам ни мысли плодовитой,
Ни гением начатого труда.
И прах наш, с строгостью судьи и гражданина,
Потомок оскорбит презрительным стихом,
Насмешкой горькою обманутого сына
Над промотавшимся отцом.

1838

A gloomy throng are we, condemned and soon forgotten,
We pass across the world in silence, without trace,
No thoughts that might bear fruit for ages unbegotten,
    No work of genius to inspire the race.
Our ashes will receive a harsh and just portrayal,
Posterity will sneer with skilled and scornful verse,
A curse of bitterness from sons at their betrayal
    By their own father's spendthrift purse.

Translated by Alan Myers

КАЗАЧЬЯ КОЛЫБЕЛЬНАЯ ПЕСНЯ

Спи, младенец мой прекрасный,
    Баюшки-баю.
Тихо смотрит месяц ясный
    В колыбель твою.
Стану сказывать я сказки,
    Песенку спою;
Ты ж дремли, закрывши глазки,
    Баюшки-баю.

По камням струится Терек,
    Плещет мутный вал;
Злой чечен ползет на берег,
    Точит свой кинжал;
Но отец твой старый воин,
    Закален в бою:
Спи, малютка, будь спокоен,
    Баюшки-баю.

Сам узнаешь, будет время,
    Бранное житье;
Смело вденешь ногу в стремя
    И возьмешь ружье.
Я седельце боевое
    Шелком разошью...
Спи, дитя мое родное,
    Баюшки-баю.

Богатырь ты будешь с виду
    И казак душой.
Провожать тебя я выйду —
    Ты махнешь рукой...
Сколько горьких слез украдкой
    Я в ту ночь пролью!..
Спи, мой ангел, тихо, сладко,
    Баюшки-баю.

Стану я тоской томиться,
    Безутешно ждать;

COSSACK CRADLESONG

Hush, my darling, time for sleeping,
    Hush, my baby, do!
For the watchful moon is shining
    In the sky for you.
I will tell you ancient stories,
    Sing a song for you;
Only close your eyes in slumber,
    Hush, my, baby, do!

Terek flows among the mountains
    With a roaring sound;
In the night the evil Chechen
    Steals along the ground.
But your father's old in battle,
    And in warfare true:
Sleep, my darling, sleep in quiet,
    Hush, my baby, do!

You will learn the ways of fighting
    For your fatherland,
Like a fearless horseman faring,
    With your gun in hand.
Then your saddle-cloth in rarest
    Threads of silk I'll do.
Sleep, my darling, sleep in quiet,
    Hush, my baby, do!

You will be a stalwart Cossack
    Who will never yield;
I will come to see you leaving
    For the battlefield.
Many tears I will in sadness
    Weep at night for you!
Slumber sweet, my shining angel,
    Hush, my baby, do!

I will languish sad and lonely,
    Waiting wearily

Стану целый день молиться,
    По ночам гадать;
Стану думать, что скучаешь
    Ты в чужом краю...
Спи ж, пока забот не знаешь,
    Баюшки-баю.

Дам тебе я на дорогу
    Образок святой:
Ты его, моляся Богу,
    Ставь перед собой;
Да готовясь в бой опасный,
    Помни мать свою...
Спи, младенец мой прекрасный,
    Баюшки-баю.

1838

Day by day in faith and prayer
　　Till you come to me.
I will fear that you are pining,
　　Sad and lonely too.
Sleep while free of care and trouble,
　　Hush, my baby, do!

You will have your mother's icon
　　When you ride away.
Kneel before the holy image
　　When to God you pray.
Hold me always closer, always
　　In remembrance true:
Hush, my darling, time for sleeping,
　　Hush, my baby, do!

Translated by Eugene M. Kayden

ПОЭТ

Отделкой золотой блистает мой кинжал;
 Клинок надежный, без порока;
Булат его хранит таинственный закал —
 Наследье бранного востока.

Наезднику в горах служил он много лет,
 Не зная платы за услугу;
Не по одной груди провел он страшный след
 И не одну прорвал кольчугу.

Забавы он делил послушнее раба,
 Звенел в ответ речам обидным.
В те дни была б ему богатая резьба
 Нарядом чуждым и постыдным.

Он взят за Тереком отважным казаком
 На хладном трупе господина,
И долго он лежал заброшенный потом
 В походной лавке армянина.

Теперь родных ножон, избитых на войне,
 Лишен героя спутник бедный;
Игрушкой золотой он блещет на стене —
 Увы, бесславный и безвредный!

Никто привычною, заботливой рукой
 Его не чистит, не ласкает,
И надписи его, молясь перед зарей,
 Никто с усердьем не читает...

———

В наш век изнеженный не так ли ты, поэт,
 Свое утратил назначенье,
На злато променяв ту власть, которой свет
 Внимал в немом благоговенье?

Бывало, мерный звук твоих могучих слов
 Воспламенял бойца для битвы;

THE POET

In gold adorned my dagger on the wall gleams bright.
    A blade without a fault and trusty,
It holds the secret splendor of the East, the might
    Of tempered steel in warfare lusty.

Long years the proud companion of a man of war,
    It never asked a share of plunder;
On many a gallant breast it cut a fearful score,
    And rent the shirt of mail asunder.

More than a slave in field or banquet hall, its cold
    Steel, ringing, answered each offender;
In those brave days this dross of ornament and gold
    Had seemed a shameful, alien splendor.

On a field of combat lost, as booty borne away
    When fell its comrade unafraid,
Forgotten, in a merchant's shop the dagger lay
    Among the common wares of trade.

By war bereaved, unfriended since its comrade's fall,
    Its scabbard lost in battles gory,
Now a gilded toy it hangs neglected on the wall —
    Its power departed, fame, and glory!

No hand removes the gathered rust with friendly care;
    No voice speaks now in tones caressing;
No soul of burning faith, before the dawn at prayer,
    Repeats the graven holy blessing...

And thus it is with you, O poet, who have flung away
    In our complaisant generation
Your mission in the world, exchanged for gold your sway
    Over crowds mute with adoration.

Time was when, resolute, your ringing words inflamed
    The warriors with fierce emotion,

Он нужен был толпе, как чаша для пиров,
        Как фимиам в часы молитвы.

Твой стих, как Божий дух, носился над толпой;
        И, отзыв мыслей благородных,
Звучал, как колокол на башне вечевой,
        Во дни торжеств и бед народных.

Но скучен нам простой и гордый твой язык, —
        Нас тешат блестки и обманы;
Как ветхая краса, наш ветхий мир привык
        Морщины прятать под румяны...

Проснешься ль ты опять, осмеянный пророк?
        Иль никогда на голос мщенья
Из золотых ножон не вырвешь свой клинок,
        Покрытый ржавчиной презренья?

1838

When they were needful, as wine at a feast acclaimed,
  As myrrh and incense for devotion.

On multitudes your brave impassioned message fell,
  Inspired by thought and noble feeling,
A godlike voice, resounding far as a folkmoot bell
  A people's joy or danger pealing.

Today they find delight in pomp and shameful lies.
  They mock your words sublime and human!
They rouge their aged fears, their creeping rot disguise,
  A world grown old, a sickened woman!

O prophet mocked! When will your ringing words arouse
  Mankind again? Or will you never
Pluck out your ancient sword, avenger swift, but drowse
  Concealed in rust and shame forever?

Translated by Eugene M. Kayden

* * *

Ребенка милого рожденье
Приветствует мой запоздалый стих.
    Да будет с ним благословенье
Всех ангелов небесных и земных!
    Да будет он отца достоин,
Как мать его, прекрасен и любим;
    Да будет дух его спокоен
И в правде тверд, как Божий херувим.
    Пускай не знает он до срока
Ни мук любви, ни славы жадных дум;
    Пускай глядит он без упрека
На ложный блеск и ложный мира шум;
    Пускай не ищет он причины
Чужим страстям и радостям своим,
    И выйдет он из светской тины
Душою бел и сердцем невредим!

1839

ON THE BIRTH OF A.A. LOPUKHIN'S SON

To greet with joy a dear child's birth,
My tardy verse comes welcoming;
Aye, may the powers of heaven and earth
Pour blessings on his bourgeoning!
May he be worthy of his sire,
And, like his mother, loved and lovely;
In spirit calm, in truth entire;
Staunch as God's cherubs, aye, and comely.
And may he not till God's good time
Know love's or thought's too bitter story,
And view with neither praise nor blame
The world's false glitter, noise and glory.
May he not soon the cause enquire
Of this world's passion, joy and fret:
Bring him, dear Lord, through blackest mire
Pure-souled, and heart unruined yet!

Translated by C.E. L'Ami and Alexander Welikotny

НЕ ВЕРЬ СЕБЕ

> Que nous font après tout les vulgaires abois
> De tous ces charlatans qui donnent de la voix,
> Les marchands de pathos et les faiseurs d'emphase
> Et tous les baladins qui dansent sur la phrase?
> > A. Barbier*.

Не верь, не верь себе, мечтатель молодой,
    Как язвы бойся вдохновенья...
Оно — тяжелый бред души твоей больной,
    Иль пленной мысли раздраженье.
В нем признака небес напрасно не ищи —
    То кровь кипит, то сил избыток!
Скорее жизнь свою в заботах истощи,
    Разлей отравленный напиток!

Случится ли тебе в заветный, чудный миг
    Отрыть в душе давно безмолвной
Еще неведомый и девственный родник,
    Простых и сладких звуков полный, —
Не вслушивайся в них, не предавайся им,
    Набрось на них покров забвенья:
Стихом размеренным и словом ледяным
    Не передашь ты их значенья.

Закрадется ль печаль в тайник души твоей,
    Зайдет ли страсть с грозой и вьюгой,
Не выходи тогда на шумный пир людей
    С своею бешеной подругой;
Не унижай себя. Стыдися торговать
    То гневом, то тоской послушной
И гной душевных ран надменно выставлять
    На диво черни простодушной.

---

* Какое дело мне? Пусть, пафосом не раз
Торгуя по грошам, все плачут о разврате,
И пляшут в мишуре, на поле звонких фраз,
В толпе, как гаеры на вздернутом канате...
      О. Барбье. (Пер. Д. Минаева).

O DREAMER, DISBELIEVE YOUR DREAM

O Dreamer, disbelieve the rapture of your dream,
    And fear as bane your inspiration!
Your troubled mood is but the soul's disease, the theme
    Of captive thought in agitation;
No sign of godlike favor, it is your blood at strife,
    Your spirit's fullness of emotion.
Then hasten day after day in common cares of life
    To drain away that baneful potion!

And if, by chance, revealed upon some magic hour,
    In the deep of your spirit hidden,
A new unfathomable fountain-source of power
    Arises with pure sounds unbidden,
O do not yield to their enchantment! Let them stay
    In dark forgetfulness unspoken:
Your measured and unfeeling verses will betray
    Their depths of harmony unbroken.

And should your spirit grieve alone with secret grace,
    In thunder, wind, by love attended,
Then do not rush into the brawling market-place
    With cries of wrath uncomprehended.
Be great, ashamed to trade in grief or wrath, to hear
    The crowds about your sorrows babble,
Ashamed to make a boastful show of hurt and fear
    Before the simple-minded rabble!

Not their concern to know your sorrows and your fears,
    The reason for your grief and passion,
Or hear what idle hopes you mused in boyhood years
    And why your anger and compassion!
Behold the mirthful crowds, sauntering here and there,
    Who do not look before or after —
No trace, as is befitting them, of tears and care
    To mar their faces gay with laughter!

And yet among the poorest there you'd rarely meet
    A man who seems — unless by crime

Какое дело нам, страдал ты или нет?
   На что нам знать твои волненья,
Надежды глупые первоначальных лет,
   Рассудка злые сожаленья?
Взгляни: перед тобой играючи идет
   Толпа дорогою привычной;
На лицах праздничных чуть виден след забот,
   Слезы не встретишь неприличной.

А между тем из них едва ли есть один,
   Тяжелой пыткой не измятый,
До преждевременных добравшийся морщин
   Без преступленья иль утраты!..
Поверь: для них смешон твой плач и твой укор,
   С своим напевом заученным,
Как разрумяненный трагический актер,
   Махающий мечом картонным...

1839

And misery defiled, or ravaged by defeat, —
    Worn out by grief before his time.
Believe, they are amused by your reproof and rage,
    Your old refrains and older craving,
As by a painted actor come upon the stage,
    In wrath a sword of cardboard waving.

Translated by Eugene M. Kayden

ТРИ ПАЛЬМЫ

(Восточное сказание)

В песчаных степях аравийской земли
Три гордые пальмы высоко росли.
Родник между ними из почвы бесплодной
Журча пробивался волною холодной,
Хранимый, под сенью зеленых листов,
От знойных лучей и летучих песков.

И многие годы неслышно прошли;
Но странник усталый из чуждой земли
Пылающей грудью ко влаге студеной
Еще не склонялся под кущей зеленой,
И стали уж сохнуть от знойных лучей
Роскошные листья и звучный ручей.

И стали три пальмы на Бога роптать:
«На то ль мы родились, чтоб здесь увядать?
Без пользы в пустыне росли и цвели мы,
Колеблемы вихрем и зноем палимы,
Ничей благосклонный не радуя взор?..
Не прав твой, о небо, святой приговор!»

И только замолкли — в дали голубой
Столбом уж крутился песок золотой,
Звонков раздавались нестройные звуки,
Пестрели коврами покрытые вьюки,
И шел колыхаясь, как в море челнок,
Верблюд за верблюдом, взрывая песок.

Мотаясь, висели меж твердых горбов
Узорные полы походных шатров;
Их смуглые ручки порой подымали,
И черные очи оттуда сверкали...
И стан худощавый к луке наклоня,
Араб горячил вороного коня.

THREE PALMS

(A Legend of the East)

In days long ago in Arabia's land
Three palms stood majestic and tall on the sand;
A fountain that rose from the desolate ground
Played sparkling between with murmuring sound,
In shade of green leaves protected at noon
From the blaze of sun and the breath of simoon.

And year after year in silence went by.
From out of the desert no pilgrim came nigh
The oasis to quiet the pain in his breast,
To drink of the spring, in the shadow to rest.
The leaves and the fountain with murmuring sweet
Began to decay and to shrink in the heat.

Then cried in complaint the palms unto God:
«Oh, cruel our fate! by the scourge of Thy rod
We droop in the desert, doomed to defeat;
We are shaken by storms and wasted by heat,
And, giving no pleasure to others, we die!
Our fate is unjust, O great ruler on high!»

They ceased, when lo! in a haze of blue light
The sands rose in columns of gold in their sight;
With burdens and carpets bright in the sun
And tinkling of silvery bells, one by one,
Soon camel on camel came swaying in motion,
Like shallops arising upon a blue ocean.

The motley tents of the nomads rose high
On the humps of the camels, and often a shy
Impatient dark hand moved the curtains about,
And glowing black eyes on the desert peered out.
Bent low in his saddle, the Arab in haste
Across the great desert triumphantly raced.

И конь на дыбы подымался порой,
И прыгал, как барс, пораженный стрелой;
И белой одежды красивые складки
По плечам фариса вились в беспорядке;
И с криком и свистом несясь по песку,
Бросал и ловил он копье на скаку.

Вот к пальмам подходит шумя караван:
В тени их веселый раскинулся стан.
Кувшины звуча налилися водою,
И гордо кивая махровой главою,
Приветствуют пальмы нежданных гостей,
И щедро поит их студеный ручей.

Но только что сумрак на землю упал,
По корням упругим топор застучал,
И пали без жизни питомцы столетий!
Одежду их сорвали малые дети,
Изрублены были тела их потом,
И медленно жгли их до утра огнем.

Когда же на запад умчался туман,
Урочный свой путь совершал караван;
И следом печальным на почве бесплодной
Виднелся лишь пепел седой и холодный;
И солнце остатки сухие дожгло,
А ветром их в степи потом разнесло.

И ныне всё дико и пусто кругом —
Не шепчутся листья с гремучим ключом:
Напрасно пророка о тени он просит —
Его лишь песок раскаленный заносит,
Да коршун хохлатый, степной нелюдим,
Добычу терзает и щиплет над ним.

1839

And rearing and prancing, his horse on the plain
Sprang forth like a panther the hunter has slain;
The flowing burnoose, like a banner all fair,
From the Islamite's shoulders flapped in the air,
As, shouting in joy, he raced on the ground,
Hurling and catching his spear at a bound.

Then soon to the palms came the caravan near,
And under their shadows the camp rang with cheer.
They lowered their gourds in the waters aglow,
And rejoicing to welcome the pilgrims below,
The murmuring leaves waved long in their pride;
The fountain sang soft in the cool eventide.

When darkness has covered the desert in calm,
They struck with an axe at the base of each palm,
And lifeless the heirs of the ages fell down!
With laughter the children plundered each crown;
The trunks were cut; they were broken and torn.
And slowly they burned in the fire till morn.

As the shadows departed before the new day,
The caravan rose and journeyed away;
The cold grey cinders and ashes alone
Remained on the sands where the fountain shone;
The fiery sun burned the shrivelled remains;
The whirlwind scattered them over the plains.

And now, in stillness, in loneliness dread,
No longer the spring hears the leaves overhead.
And vainly it cries unto Allah its prayer
For shelter and shade in the sands, in despair;
The vultures alone in the wilderness wing,
And devour their prey near the desolate spring.

Translated by Eugene M. Kayden

МОЛИТВА

В минуту жизни трудную
Теснится ль в сердце грусть:
Одну молитву чудную
Твержу я наизусть.

Есть сила благодатная
В созвучьи слов живых,
И дышит непонятная,
Святая прелесть в них.

С души как бремя скатится,
Сомненье далеко —
И верится, и плачется,
И так легко, легко...

1839

PRAYER

In moments of life's trial,
    When sorrows crowd the soul,
A single prayer of wondrous power
    From fervent lips I roll.

There dwells a force God-given
    In harmony of sound;
In living words there breathes a charm
    All holy and profound.

From soul, like burden, leaping,
    Far off all doubting flies;
From prayers of faith with weeping
    How light, how light we rise!

Translated by John Pollen

ДАРЫ ТЕРЕКА

Терек воет, дик и злобен,
Меж утесистых громад,
Буре плач его подобен,
Слезы брызгами летят.
Но, по степи разбегаясь,
Он лукавый принял вид
И, приветливо ласкаясь,
Морю Каспию журчит:

«Расступись, о старец-море,
Дай приют моей волне!
Погулял я на просторе,
Отдохнуть пора бы мне.
Я родился у Казбека,
Вскормлен грудью облаков,
С чуждой властью человека
Вечно спорить был готов.
Я, сынам твоим в забаву,
Разорил родной Дарьял
И валунов им, на славу,
Стадо целое пригнал».

Но, склонясь на мягкий берег,
Каспий стихнул, будто спит,
И опять ласкаясь Терек
Старцу на ухо журчит:

«Я привез тебе гостинец!
То гостинец не простой:
С поля битвы кабардинец,
Кабардинец удалой.
Он в кольчуге драгоценной,
В налокотниках стальных:
Из Корана стих священный
Писан золотом на них.
Он угрюмо сдвинул брови,
И усов его края
Обагрила знойной крови

THE GIFTS OF TEREK

Terek rages, wild and angry,
Through the mountains on his way;
Like a tempest rings his wailing
In his gleaming tears of spray.
Then he flows along the level
Lowland, gliding craftily,
With a meek caressing murmur
Greeting low the Caspian Sea:

«Oh, receive me, ancient ocean!
Shelter me within thy breast!
I have wandered long in freedom;
It is time for me to rest.
I was born on Mount Kazbék
Where the white clouds gave me suck,
And against mankind's invasion
In my hate I ever struck.
Always, to delight thy children,
Daryal Pass in wrath I tore,
And my gift of stones and boulders
For their games I hither bore».

On the shore reclining, peaceful,
As in sleep the Caspian lay.
But again with tender greeting
Terek thus began to pray:

«Hear, I bear to thee a present,
Not a common offering!
From the battlefield the bravest
Chief of Kabardin I bring!
He is clad in priceless armor,
And the gauntlet on his hand
Bears in gold a Koran blessing
Given in the Holy Land.
Stern his brows are drawn together,
Pale his countenance and seared,
And his noble blood lies clotted

Благородная струя;
Взор открытый, безответный
Полон старою враждой;
По затылку чуб заветный
Вьется черною космой».

Но, склонясь на мягкий берег,
Каспий дремлет и молчит;
И волнуясь буйный Терек
Старцу снова говорит:

«Слушай, дядя: дар бесценный!
Что другие все дары?
Но его от всей вселенной
Я таил до сей поры.
Я примчу к тебе с волнами
Труп казачки молодой,
С темно-бледными плечами,
С светло-русою косой.
Грустен лик ее туманный,
Взор так тихо, сладко спит,
А на грудь из малой раны
Струйка алая бежит.
По красотке-молодице
Не тоскует над рекой
Лишь один во всей станице
Казачина гребенской.
Оседлал он вороного,
И в горах, в ночном бою,
На кинжал чеченца злого
Сложит голову свою».

Замолчал поток сердитый,
И над ним, как снег бела,
Голова с косой размытой,
Колыхаяся всплыла.

И старик во блеске власти
Встал, могучий, как гроза,
И оделись влагой страсти
Темно-синие глаза.

Он взыграл, веселья полный, —
И в объятия свои
Набегающие волны
Принял с ропотом любви.

1839

Dark upon his flowing beard.
From his open eyes the ancient
Hatreds born of warfare glare;
Down his neck upon the billows
Flows his matted raven hair».

In a dream the Caspian, silent,
Lay upon the long white shore.
And the angry Terek, tossing,
Spoke unto the sea once more:

«Father, hear me! yet the fairest
Gift above all gifts I hide,
Guarded safely in my bosom
From the world within my tide.
A fair Cossak maiden shrouded
Deep within my waves I bear, —
Beautiful her gleaming shoulders
And like gold her flowing hair.
Softly still her face in sadness,
Softly still her eyes in rest,
While the crimson blood is flowing
From a wound upon her breast.
One brave lad among the bravest
Perished for his love unwed;
One alone in all the hamlets
Grieves no longer for the dead:
In his last despair and sorrow,
In a bloody midnight strife
With a Chechen chief in combat
He had flung away his life».

Terek ceased, the angry river.
Then as white as driven snows,
A pale face and tresses golden
Swaying on the billows rose.

The grey sea awoke in splendor;
Loud his thunder in the skies;
And a mist of tender passion
Hung upon his dark blue eyes.
The grey sea arose in gladness,
In his splendor, in his might,
And the waves of Terek greeted
With a murmur of delight.

Translated by Eugene M. Kayden

ПАМЯТИ А. И. О‹ДОЕВСКО›ГО

1

Я знал его: мы странствовали с ним
В горах востока, и тоску изгнанья
Делили дружно; но к полям родным
Вернулся я, и время испытанья
Промчалося законной чередой;
А он не дождался минуты сладкой:
Под бедною походною палаткой
Болезнь его сразила, и с собой
В могилу он унес летучий рой
Еще незрелых, темных вдохновений,
Обманутых надежд и горьких сожалений!

2

Он был рожден для них, для тех надежд,
Поэзии и счастья... Но, безумный —
Из детских рано вырвался одежд
И сердце бросил в море жизни шумной,
И свет не пощадил — и Бог не спас!
Но до конца среди волнений трудных,
В толпе людской и средь пустынь безлюдных,
В нем тихий пламень чувства не угас:
Он сохранил и блеск лазурных глаз,
И звонкий детский смех, и речь живую,
И веру гордую в людей и жизнь иную.

3

Но он погиб далеко от друзей...
Мир сердцу твоему, мой милый Саша!
Покрытое землей чужих полей,
Пусть тихо спит оно, как дружба наша
В немом кладбище памяти моей!
Ты умер, как и многие, без шума,
Но с твердостью. Таинственная дума
Еще блуждала на челе твоем,
Когда глаза закрылись вечным сном;
И то, что ты сказал перед кончиной,
Из слушавших тебя не понял ни единый...

IN MEMORY OF ALEXANDER ODÓYEVSKY

I knew him well. We roamed together, fast
In friendship, in the mountains of the East,
And there in loneliness of exile passed
Our days. When from my sufferings released,
I came to native fields and home. In vain
His hope for freedom from his banishment.
Death cut him down inside a soldier's tent,
Where, sick in body but untamed, in pain
He died. — None holds him now. His dreams are slain,
His winging words and youthful fantasies,
His hopes deceived and bitter memories.

It was for those bright hopes that he was born,
For joy, for poetry. But, wild with strife,
Too soon his boyhood bonds he tore with scorn,
And flung his heart into the sea of life,
By God and man rejected. Yet in our night
Of ruthless dark, by toil and grief surrounded,
By men's confusion, or by deserts bounded,
His quiet flame, undimmed, kept burning white:
Ah, sacred soul! his azure eyes of light,
His boyish laughter and his living mind,
His noble faith in life for all mankind!

He is dead, my Sasha! Far from home he perished,
One whom the great had hunted. Sleep apart
Deep in an alien land! In friendship cherished,
Dream softly as my love within my heart
Deep-buried dreams, your lonely name enshrining.
You died, as many die, unknown to fame,
Resigned and strong of heart. The secret flame
Of thought upon your forehead brightly shining,
Your soul departed, with the sun declining;
Your words, as life went out, in likelihood
They heard, but none their meaning understood.

4

И было ль то привет стране родной,
Названье ли оставленного друга,
Или тоска по жизни молодой,
Иль просто крик последнего недуга,
Кто скажет нам?.. Твоих последних слов
Глубокое и горькое значенье
Потеряно... Дела твои, и мненья,
И думы, — всё исчезло без следов,
Как легкий пар вечерних облаков:
Едва блеснут, их ветер вновь уносит —
Куда они? зачем? откуда? — кто их спросит...

5

И после их на небе нет следа,
Как от любви ребенка безнадежной,
Как от мечты, которой никогда
Он не вверял заботам дружбы нежной...
Что за нужда? Пускай забудет свет
Столь чуждое ему существованье:
Зачем тебе венцы его вниманья
И терния пустых его клевет?
Ты не служил ему. Ты с юных лет
Коварные его отвергнул цепи:
Любил ты моря шум, молчанье синей степи —

6

И мрачных гор зубчатые хребты...
И, вкруг твоей могилы неизвестной,
Всё, чем при жизни радовался ты,
Судьба соединила так чудесно:
Немая степь синеет, и венцом
Серебряным Кавказ ее объемлет;
Над морем он, нахмурясь, тихо дремлет,
Как великан, склонившись над щитом,
Рассказам волн кочующих внимая,
А море Черное шумит не умолкая.

1839

What was your sense from word to word? A sigh
For passing youth, a greeting home, the throes
Of ebbing life at death, or but a cry
For some remembered friend or dream? — Who knows?
Their bitter meaning and the depth and grace
Of those soft words you spoke, the last to fall,
Are lost... The matter, aim, belief, and all
Your thoughts have vanished now without a trace,
Like vapors of the air in empty space
That in the sky a golden moment gleam
And soon are blown: Whence, where, and why our dream?

As a cloud that never leaves a trace behind,
Or as the fleeting passion of a child,
Faded in air his dream, faded his mind,
And with his truth he died, unreconciled.
What matter? Let the world forget this brave
Man's life so strangely beautiful and pure.
What use their empty calumnies, their lure
Of praise and fame to him who was no slave
Of time, who scorned the world unto his grave
And cast aside its subtle slavish chains?..
He loved the sea, the silence of the plains.

He loved the mountain peaks in snow and rain.
About his grave unknown, the earth and sea,
His everlasting friends, on guard remain
United in their wondrous destiny.
The plain lies vast and blue in silence sealed;
With silver crown the Caucasus around
Looms, frowning, in a mist of dream and sound,
Like some great giant leaning on his shield
Who hears the roving waters rise with song
While the Black Sea resounding thunders long.

Translated by Eugene M. Kayden

* * *

1-е января

Как часто, пестрою толпою окружен,
Когда передо мной, как будто бы сквозь сон,
    При шуме музыки и пляски,
При диком шепоте затверженных речей,
Мелькают образы бездушные людей,
    Приличьем стянутые маски,

Когда касаются холодных рук моих
С небрежной смелостью красавиц городских
    Давно бестрепетные руки, —
Наружно погружась в их блеск и суету,
Ласкаю я в душе старинную мечту,
    Погибших лет святые звуки.

И если как-нибудь на миг удастся мне
Забыться, — памятью к недавней старине
    Лечу я вольной, вольной птицей;
И вижу я себя ребенком; и кругом
Родные всё места: высокий барский дом
    И сад с разрушенной теплицей;

Зеленой сетью трав подернут спящий пруд,
А за прудом село дымится — и встают
    Вдали туманы над полями.
В аллею темную вхожу я; сквозь кусты
Глядит вечерний луч, и желтые листы
    Шумят под робкими шагами.

И странная тоска теснит уж грудь мою:
Я думаю об ней, я плачу и люблю,
    Люблю мечты моей созданье
С глазами, полными лазурного огня,
С улыбкой розовой, как молодого дня
    За рощей первое сиянье.

NEW YEAR'S NIGHT

How oft, surrounded by a gay and festive crowd,
When round me interweave as in a dreamy cloud
      Their din of music and the dance,
And hum of polished empty talk; when figures glide
Before me like soulless forms upon a ghostly tide,
      In masks of formal elegance;

Or when with artful unconcern and self-command,
The ballroom beauties brush my unresponsive hand
      With fingers long unmoved by fear, —
Though sharing outwardly in all their show and glare,
I cherish in my lonely heart an image fair
      And hallowed of a bygone year.

And if by chance I can forget the life that weighs
Me down, I fly to days so sad, so strange — my days
      Of old so wonderfully new!
I see myself a child at home, and I behold
The ruined garden lanes, the lofty manor old,
      The flower beds in evening dew.

I see the sleepy pond all mantled with green weeds,
The smoke from clustered village huts, and in the meads
      The mist arising far aloft.
I come into a gloomy garden lane; the red
Sky gleams within the trees, and neath my timid tread
      The gold leaves, yielding, rustle soft.

I feel a strange and heavy yearning in my breast.
I weep with thinking of my dream — my perfect, best,
      True worship of a dream of love
So real to me — my dream of radiant blue eyes
And rosy smile of sweetness kindling as the skies
      Of early dawn behind the grove.

Так царства дивного всесильный господин —
Я долгие часы просиживал один,
    И память их жива поныне
Под бурей тягостных сомнений и страстей,
Как свежий островок безвредно средь морей
    Цветет на влажной их пустыне.

Когда ж, опомнившись, обман я узнаю,
И шум толпы людской спугнет мечту мою,
    На праздник не́званную гостью,
О, как мне хочется смутить веселость их
И дерзко бросить им в глаза железный стих,
    Облитый горечью и злостью!..

1840

Thus in my wonderland, lord of my great domain,
I live uncounted hours alone. Their still refrain
     Lives trembling in my memory
Amid the troubled storms of passion and of doubt,
Like some green solitary island, safe, far out,
     Smiling upon a desert sea.

But when I wake and know again the mocking gleam,
And when the noise of revellers affrights my dream,
     My gentle uninvited guest, —
Then wild I long to stun them in their mirth, to fling
At them the challenge of my iron verse with sting
     And wrathful fury of my breast!

Translated by Eugene M. Kayden

И СКУЧНО И ГРУСТНО

И скучно и грустно, и некому руку подать
    В минуту душевной невзгоды...
Желанья!.. что пользы напрасно и вечно желать?..
    А годы проходят — все лучшие годы!

Любить... но кого же?.. на время — не стоит труда,
    А вечно любить невозможно.
В себя ли заглянешь? — там прошлого нет и следа:
    И радость, и муки, и всё там ничтожно...

Что страсти? — ведь рано иль поздно их сладкий недуг
    Исчезнет при слове рассудка;
И жизнь, как посмотришь с холодным вниманьем вокруг, —
    Такая пустая и глупая шутка...

1840

* * *

The boredom, the sadness, and no one to take by the hand
    Whenever your soul may be riven...
Ambition!.. What use is a pointless eternal demand?
    And the years go on passing, the best you are given!

To love... well, but whom, then?...A short fling is not worth the chase,
    And who goes on loving forever?..
Perfecting the self, then? — The past has left barely a trace,
    The joys and the griefs — no value whatever...

And passion? — Well, sooner or later that sickness so sweet
    Is cured when you come to your senses;
And life, if you coldly assess everything that you meet —
    An empty and farcical set of pretenses.

Translated by Alan Myers

ПЛЕННЫЙ РЫЦАРЬ

Молча сижу под окошком темницы;
Синее небо отсюда мне видно:
В небе играют всё вольные птицы;
Глядя на них, мне и больно и стыдно.

Нет на устах моих грешной молитвы,
Нету ни песни во славу любезной:
Помню я только старинные битвы,
Меч мой тяжелый да панцирь железный.

В каменный панцирь я ныне закован,
Каменный шлем мою голову давит,
Щит мой от стрел и меча заколдован,
Конь мой бежит, и никто им не правит.

Быстрое время — мой конь неизменный,
Шлема забрало — решотка бойницы,
Каменный панцирь — высокие стены,
Щит мой — чугунные двери темницы.

Мчись же быстрее, летучее время!
Душно под новой бронею мне стало!
Смерть, как приедем, подержит мне стремя;
Слезу и сдерну с лица я забрало.

1840

THE CAPTIVE KNIGHT

Silent I gaze through the bars of my prison,
Watching, in sadness, the sky aglow.
Far in the blue I can see the birds flying;
Weary, I sigh in my shame, in my woe.

Still are my lips; I have never a prayer,
Never a song, in praise of my love:
Only the battles of old I remember,
Only my sword, my helmet, and glove.

Now in this armor of granite I languish,
Now on my forehead the helmet is stone;
Safe is my shield from lances and arrows;
Free in the meadow, my steed runs alone.

Time is my steed — he is swift and unfailing;
Bars in the window — my visor of yore;
Stronger than armor the walls of my prison,
Stronger that shields the fast iron door.

Faint, in this armor, I lie in my prison.
Swifter, O Time, be swifter in flight!
Death, at the last, will hold up my stirrup;
Raising my visor, I will soon alight.

Translated by Eugene M. Kayden

ОТЧЕГО

Мне грустно, потому что я тебя люблю,
И знаю: молодость цветущую твою
Не пощадит молвы коварное гоненье.
За каждый светлый день иль сладкое мгновенье
Слезами и тоской заплатишь ты судьбе.
Мне грустно... потому что весело тебе.

1840

WHEREFORE

I grieve because I love, and, loving you,
I know their crafty rumors will pursue
Your youth in flower, lying out of spite.
For every shining hour and true delight
Fate will demand in hurt and tears its pay.
I grieve — because you are so free and gay.

Translated by Eugene M. Kayden

БЛАГОДАРНОСТЬ

За всё, за всё тебя благодарю я:
За тайные мучения страстей,
За горечь слез, отраву поцелуя,
За месть врагов и клевету друзей;
За жар души, растраченный в пустыне,
За всё, чем я обманут в жизни был...
Устрой лишь так, чтобы тебя отныне
Недолго я еще благодарил.

1840

GRATITUDE

For all, O Lord, my glad thanksgiving this is:
For passion's torments suffered without end,
For bitter tears, the poison taint of kisses,
For spite of foe and calumny of friend;
For ardent spirits idly dissipated,
For all that cheated me throughout my days...
Grant only that I am not obligated
Much longer to express my grateful praise.

Translated by Alan Myers

ИЗ ГЁТЕ

Горные вершины
Спят во тьме ночной;
Тихие долины
Полны свежей мглой;
Не пылит дорога,
Не дрожат листы...
Подожди немного,
Отдохнешь и ты.

1840

MOUNTAIN HEIGHTS

(after Goethe)

Mountain heights are sleeping
Now in evening light;
Mists are softly creeping
Down the vales of night.
The road's dark and lonely;
Peace in leaf and tree...
Wait a moment only:
Peace will come to thee.

Translated by Eugene M. Kayden

РЕБЕНКУ

О грезах юности томим воспоминаньем,
С отрадой тайною и тайным содроганьем,
Прекрасное дитя, я на тебя смотрю...
О, если б знало ты, как я тебя люблю!
Как милы мне твои улыбки молодые,
И быстрые глаза, и кудри золотые,
И звонкий голосок! — Не правда ль, говорят,
Ты на нее похож? — Увы! года летят;
Страдания ее до срока изменили,
Но верные мечты тот образ сохранили
В груди моей; тот взор, исполненный огня,
Всегда со мной. А ты, ты любишь ли меня?
Не скучны ли тебе непрошеные ласки?
Не слишком часто ль я твои целую глазки?
Слеза моя ланит твоих не обожгла ль?
Смотри ж, не говори ни про мою печаль,
Ни вовсе обо мне. К чему? Ее, быть может,
Ребяческий рассказ рассердит иль встревожит...

Но мне ты всё поверь. Когда в вечерний час
Пред образом с тобой заботливо склонясь,
Молитву детскую она тебе шептала
И в знаменье креста персты твои сжимала,
И все знакомые родные имена
Ты повторял за ней, — скажи, тебя она
Ни за кого еще молиться не учила?
Бледнея, может быть, она произносила
Название, теперь забытое тобой...
Не вспоминай его... Что имя? — звук пустой!
Дай Бог, чтоб для тебя оно осталось тайной.
Но если как-нибудь, когда-нибудь, случайно
Узнаешь ты его, — ребяческие дни
Ты вспомни и его, дитя, не прокляни!

1840

LINES TO A CHILD

Once more the anguish of my youth I dream,
And trembling with some happiness supreme
And inner hear, I look at you, dear child.
I wish you understood today how wild
My heart, how great my tender secrecy,
How dear your laughter and your gaiety,
How sweet your lively eyes, your golden hair,
Your voice!.. I know, like hers, how truly fair
Your ways! Long years, alas, of grief and pain
Have changed her life, but in my heart remain
The air divine, the dream, the light I knew
Within her eyes... But you, you love me true?
Or do I weary you? Do I surprise,
Caressing you? too often kiss your eyes?
Or warm upon your cheeks my burning tears? —
No, darling, not a word about my fears
And grief to her, and not a word of me!
Your childish talk may rouse uneasily
Her anger... Trust me always! When at night,
In kneeling down before the taper light,
Close by your bed, she whispered soft and low,
Endearing names repeating, names you know,
And formed your fingers in a cross to pray
Together, did she ask you then to say
Another name, to pray for one name more?
In a low whisper, paler than before,
Did she speak a name you have forgotten? — No.
No matter, child! A name's at best, I know,
An empty sound! May heaven ever keep
That name unknown. But should it some day leap
To mind, somewhere, branded by men with shame,
Recall your childhood and do not curse that name!

Translated by Eugene M. Kayden

К ПОРТРЕТУ

Как мальчик кудрявый, резва,
Нарядна, как бабочка летом;
Значенья пустого слова
В устах ее полны приветом.

Ей нравиться долго нельзя:
Как цепь ей несносна привычка,
Она ускользнет, как змея,
Порхнет и умчится, как птичка.

Таит молодое чело
По воле — и радость и горе.
В глазах — как на небе светло,
В душе ее темно, как в море!

То истиной дышит в ней всё,
То всё в ней притворно и ложно!
Понять невозможно ее,
Зато не любить невозможно.

1840

TO A PORTRAIT

(Countess A.K. Vorontsovoy-Dashkovoy)

Like a curled and wanton stripling;
Like a butterfly summer-tired;
Words on her red lips rippling,
With warmth and joy are fired.

She cannot be pleased for long —
Intolerably habit fetters;
Like a snake she slips the thong,
Like a wild bird darts and flutters.

Strong-willed, her face denies
Both joy and grief their toll;
Clear as the heavens, her eyes,
Dark as the sea, her soul.

Now she is truth's commander,
Now feigned and false all over;
Impossible to understand her;
Impossible *not* to love her.

Translated by C.E.L'Ami and Alexander Welikotny

<ВАЛЕРИК>

Я к вам пишу случайно; право,
Не знаю как и для чего.
Я потерял уж это право.
И что скажу вам? — ничего!
Что помню вас? — но, Боже правый,
Вы это знаете давно;
И вам, конечно, всё равно.

    И знать вам также нету нужды,
Где я? что я? в какой глуши?
Душою мы друг другу чужды,
Да вряд ли есть родство души.
Страницы прошлого читая,
Их по порядку разбирая
Теперь остынувшим умом,
Разуверяюсь я во всем.
Смешно же сердцем лицемерить
Перед собою столько лет;
Добро б еще морочить свет!
Да и притом что пользы верить
Тому, чего уж больше нет?..
Безумно ждать любви заочной?
В наш век все чувства лишь на срок;
Но я вас помню — да и точно,
Я вас никак забыть не мог!

    Во-первых потому, что много,
И долго, долго вас любил,
Потом страданьем и тревогой
За дни блаженства заплатил;
Потом в раскаянье бесплодном
Влачил я цепь тяжелых лет;
И размышлением холодным
Убил последний жизни цвет.
С людьми сближаясь осторожно,
Забыл я шум младых проказ,
Любовь, поэзию, — но вас
Забыть мне было невозможно.

VALERÍK

I write to you — by chance. I hardly know
The reason why I do. I've lost that right.
Indeed, what could I say to you? To urge
I've not forgotten you? You know it long;
Besides, it really makes no difference now.

You wouldn't care to know my way of life,
Our far-off wilds. In spirit we are far
Apart; I doubt two beings anywhere
Can be as one in life. I have with care,
Unprejudiced, reflected on the past
And fear in every way I'm losing faith.
It's ludicrous to play the hypocrite
And make a show of cheer, or fool myself.
And what the gain to keep believing things
No longer true? To dream of some great love?
Today love's for the hour, a thing apart.
And yet I think of you, no matter what.

I never will forget you. Why? Because
I loved you very much and long; then, too,
Because I've paid with suffering and fear
For every drop of happiness I got,
Because, in fact, despite my vain regret,
I have endured the chains of heavy years
And killed the bloom of life with cold reflection.
I had no ease in meeting friends, and thus
Youth passed me by — its fun, romance, and love.
But you, of all the world, I can't forget.

I've come to think by now it is my fate
To bear my cross with patience and accept
My punishment. I'm older and much wiser.
I thank the stars for every good or ill
That comes my way, as Orientals do,
And ask for nothing more. I suffer wrong
In silence, and think perhaps the East itself,
Without my knowing it, bestowed on me

И к мысли этой я привык,
Мой крест несу я без роптанья:
То иль другое наказанье?
Не всё ль одно. Я жизнь постиг;
Судьбе, как турок иль татарин,
За всё я ровно благодарен;
У Бога счастья не прошу
И молча зло переношу.
Быть может, небеса востока
Меня с ученьем их пророка
Невольно сблизили. Притом
И жизнь всечасно кочевая,
Труды, заботы ночь и днем,
Всё, размышлению мешая,
Приводит в первобытный вид
Больную душу: сердце спит,
Простора нет воображенью...
И нет работы голове...
Зато лежишь в густой траве
И дремлешь под широкой тенью
Чинар иль виноградных лоз;
Кругом белеются палатки;
Казачьи тощие лошадки
Стоят рядком, повеся нос;
У медных пушек спит прислуга,
Едва дымятся фитили;
Попарно цепь стоит вдали;
Штыки горят под солнцем юга.
Вот разговор о старине
В палатке ближней слышен мне;
Как при Ермолове ходили
В Чечню, в Аварию, к горам;
Как там дрались, как мы их били,
Как доставалося и нам;
И вижу я неподалеку
У речки, следуя пророку,
Мирной татарин свой намаз
Творит, не подымая глаз;
А вот кружком сидят другие.
Люблю я цвет их желтых лиц,
Подобный цвету ноговиц,
Их шапки, рукава худые,
Их темный и лукавый взор
И их гортанный разговор.
Чу — дальний выстрел! прожужжала
Шальная пуля... славный звук...
Вот крик — и снова всё вокруг

Her deeper mood. Perhaps by constant toil
And cares, by being always on the move
With little time for thought, I'm closer here
To nature. In any case, my soul's asleep,
My fancy cribbed, my mind without a care.
I sprawl at ease on grass and dream beneath
The shadow of the plane tree and the vine,
While all about me gleam the soldiers' tents.

      The Cossack horses, huddled, stand in rows
With lowered heads; the men lie dozing by
The cannon-pieces; low, the smoking wicks.
With bayonets bright gleaming in the sun,
Afar our soldiers stand on guard in pairs.
I hear men talking of old times inside
A tent: how they campaigned with Yermolóv
Across the mountain ranges; how they fought
And won or lost in wars against the natives.
Behind the tents, beside the stream a Tartar
Devoutly prays according to his faith,
Alone, while others in a circle chat.
I like their row of yellow-shining faces,
Their caps, their narrow sleeves around the elbows,
Their sly dark glances, and their throaty talk.

      A sudden shot rings out afar; a bullet
Flies whizzing in the air; then someone shouts
And silence falls again... The heat goes down;
The infantry's astir; it's time to water
The horses now. One rider, then another
Shoots by; the camp grows noisier with talk:
Where is the second squad? Is it packing time?
And where's the captain? Get the wagons out!
Hey, buddy, lend a light! — The drums are beating;
The band is droning loud; the guns are rattling
Between the marching ranks. And to the front
A general rides forward with his staff.

      Like bees the Cossacks scatter in the fields
With yells, their banners skirting now the woods.
A turbaned Moslem in a crimson mantle
Rides bravely on his prancing spotted horse,
And dares our men, the madcap, to a fight.
And, lo! a Cossack gamely flies to meet him,
With gun in hand. The hoofs of horses, smoke,
And flying shots. Who's wounded? Well, no matter!
And hotter grows the crossfire all around.

Затихло... но жара уж спа́ла,
Ведут коней на водопой,
Зашевелилася пехота;
Вот проскакал один, другой!
Шум, говор. Где вторая рота?
Что, вьючить? — что же капитан?
Повозки выдвигайте живо!
Савельич! Ой ли — Дай огниво! —
Подъем ударил барабан —
Гудит музыка полковая;
Между колоннами въезжая,
Звенят орудья. Генерал
Вперед со свитой поскакал...
Рассыпались в широком поле,
Как пчелы, с гиком казаки;
Уж показалися значки
Там на опушке — два, и боле.
А вот в чалме один мюрид
В черкеске красной ездит важно,
Конь светло-серый весь кипит,
Он машет, кличет — где отважный?
Кто выйдет с ним на смертный бой!..
Сейчас, смотрите: в шапке черной
Казак пустился гребенской;
Винтовку выхватил проворно,
Уж близко... выстрел... легкий дым...
Эй вы, станичники, за ним...
Что? ранен!.. — Ничего, безделка...
И завязалась перестрелка...

Но в этих сшибках удалых
Забавы много, толку мало;
Прохладным вечером, бывало,
Мы любовалися на них,
Без кровожадного волненья,
Как на трагический балет;
Зато видал я представленья,
Каких у вас на сцене нет...

Раз — это было под Гихами,
Мы проходили темный лес;
Огнем дыша, пылал над нами
Лазурно-яркий свод небес.
Нам был обещан бой жестокий.
Из гор Ичкерии далекой
Уже в Чечню на братний зов
Толпы стекались удальцов.

There's much of daring sport but little meaning
In these high-hearted bouts. We often watched
Them in the cool late afternoons, amused,
Without excitement, like a lively play
At home; and yet I also witnessed games
Too wild and bloody for a tragic play.

At Ghikh, for instance, once we made our way
Through thickest wood; the clear-blue sky above
Was like a vaulted roof on fire. We knew
That a battle lay ahead, that native hordes
From mountain hamlets in their common cause
Were gathering in Chechen lands. We glimpsed
Their signal towers above the forest tops
In columns and low-lying clouds of smoke.
The woods soon grew alive with savage calls
Reverberating in the forest fastness.
Our baggage train had scarce come in the open
When the fight began. The rear-guard called for help.
Some brought up guns; some bore the wounded out
And called to doctors. From the woods at left
The enemy rushed upon our guns with yells
And hail of bullets from behind the trees.
Ahead, the place was still; a stream ran through
The underbrush. Nearer we came and hurled
Some shells; we edged still nearer; nothing stirred.
Then bright behind a pile of trunks we saw
A glint of steel, a cap or two perhaps,
Soon hidden deep in grass. The air was dread
With silence; one brief while and every heart
Beat fast in fearful secret expectation.
One volley rang — we saw their rows in grass!
Not waiting long — our men were tough old hands
In war — we cried: To bayonets! We stormed,
Our officers in front, with hearts aflame;
On horseback some against the ramparts flew,
But most on foot. With daggers, butts of guns,
We slaughtered; hand to hand for full two hours
The battle lasted, fought in trench and stream.
We killed in silence breast to breast, like beasts
In fury; piles of bodies choked the stream.
I tried, because of heat and weariness,
To drink, — the stream was muddies, warm, and red.

Beneath an oak tree, near the shore, a pace
Or so behind the line of ramparts, stood
A silent group, one soldier on his knees.

Над допотопными лесами
Мелькали маяки кругом;
И дым их то вился столпом,
То расстилался облаками;
И оживилися леса;
Скликались дико голоса
Под их зелеными шатрами.
Едва лишь выбрался обоз
В поляну, дело началось;
Чу! в арьергард орудья просят;
Вот ружья из кустов выносят,
Вот тащат за ноги людей
И кличут громко лекарей;
А вот и слева, из опушки,
Вдруг с гиком кинулись на пушки;
И градом пуль с вершин дерев
Отряд осыпан. Впереди же
Всё тихо — там между кустов
Бежал поток. Подходим ближе.
Пустили несколько гранат;
Еще подвинулись; молчат;
Но вот над бревнами завала
Ружье как будто заблистало;
Потом мелькнуло шапки две;
И вновь всё спряталось в траве.
То было грозное молчанье,
Не долго длилося оно,
Но в этом странном ожиданье
Забилось сердце не одно.
Вдруг залп... глядим: лежат рядами,
Что нужды? здешние полки
Народ испытанный... В штыки,
Дружнее! раздалось за нами.
Кровь загорелася в груди!
Все офицеры впереди...
Верхом помчался на завалы,
Кто не успел спрыгнуть с коня...
Ура — и смолкло. — Вон кинжалы,
В приклады! — и пошла резня.
И два часа в струях потока
Бой длился. Резались жестоко,
Как звери, молча, с грудью грудь,
Ручей телами запрудили.
Хотел воды я зачерпнуть...
(И зной и битва утомили
Меня), но мутная волна
Была тепла, была красна.

They looked like hard and gloomy men at first,
But tears ran slowly down their faces dark
With dust. Against the oak their captain lay
With two black wounds upon his breast; the blood
Ran ebbing slowly drop by drop; his breath
Came hard; his eyes grew wild and wandering.
His whispers begged them to save the general
Whom he dreamed surrounded in a fight, alone.
Thus long he moaned, but slowly weaker grew,
And soon his life went out. Old soldiers steeled
In long campaigns, then leaning on their guns,
In silence wept. They wrapped a mantle round
His body, and with care they carried him to
His lonely grave. As if rooted to the ground
I stood and watched their going, deep in grief.
I heard as men around me with a sigh
Spoke gently of their fallen friends, and yet
I felt no real compassion in my heart.

The field lay still, dead bodies in a pile;
The blood was dripping, smoking on the ground,
And filled the air with heavy reeking fumes.
In shade one general sat astride a drum
And listened to reports. The woods around
Shone blue as in a mist with battle smoke,
But far away the chain of mountains rose
With peaks eternal in their pride and peace.
There shone in light celestial Mount Kazbek.
And in my heart with secret grief I mused
How poor a thing is man: What does he want?
The sky is bright, and there is room enough
For all on earth; yet endlessly, in vain,
Alone he lives in strife and hatred. Why?
Haroun, who was my native friend, cut short
My dreaming with a slap across my back.
I asked what name the stream had here among
His people. «Valerík», he said. It means,
Translated in our tongue, the stream of death,
A name it bore with men of ancient days.
«How many, do you think, have fought today?»
«Some seven thousand». «Were their losses great?»
«Who knows? You should have counted them yourself».
But here another voice broke in to say
They won't too soon forget that bloody day.
My Chechen friend looked craftily at me,
But only shook his head, and said no more.

На берегу, под тенью дуба,
Пройдя завалов первый ряд,
Стоял кружок. Один солдат
Был на коленах; мрачно, грубо
Казалось выраженье лиц,
Но слезы капали с ресниц,
Покрытых пылью... на шинели,
Спиною к дереву, лежал
Их капитан. Он умирал;
В груди его едва чернели
Две ранки; кровь его чуть-чуть
Сочилась. Но высоко грудь
И трудно подымалась, взоры
Бродили страшно, он шептал...
Спасите, братцы. — Тащат в горы.
Постойте — ранен генерал...
Не слышат... Долго он стонал,
Но всё слабей и понемногу
Затих и душу отдал Богу;
На ружья опершись, кругом
Стояли усачи седые...
И тихо плакали... потом
Его остатки боевые
Накрыли бережно плащом
И понесли. Тоской томимый
Им вслед смотрел я недвижимый.
Меж тем товарищей, друзей
Со вздохом возле называли;
Но не нашел в душе моей
Я сожаленья, ни печали.
Уже затихло всё; тела
Стащили в кучу; кровь текла
Струею дымной по каменьям,
Ее тяжелым испареньем
Был полон воздух. Генерал
Сидел в тени на барабане
И донесенья принимал.
Окрестный лес, как бы в тумане,
Синел в дыму пороховом.
А там вдали грядой нестройной,
Но вечно гордой и спокойной,
Тянулись горы — и Казбек
Сверкал главой остроконечной.
И с грустью тайной и сердечной
Я думал: жалкий человек.
Чего он хочет!.. небо ясно,
Под небом места много всем,

I think I'm boring you. The anxieties
Of war seem droll among the worldly great
At home. You are not often vexed in mind
About the means and ends of our existence,
And there is not a trace of care or grief
In you, because you do not know in fact
How people die. God spare you then the truth
Of war; we have enough of other cares.
'Tis better far to die in peace and love,
To sleep the everlasting sleep of life
At last, and dream the day of resurrection.

And now, goodbye! And if my simple story
Can bring a bit of happiness to you,
I shall be happy too. If not, I hope
You will forgive my tale as but a prank,
And whisper softly: Why, the fellow's queer!

Translated by Eugene M. Kayden

Но беспрестанно и напрасно
Один враждует он — зачем?
Галуб прервал мое мечтанье,
Ударив по плечу; он был
Кунак мой: я его спросил,
Как месту этому названье?
Он отвечал мне: «*Валерик*,
А перевесть на ваш язык,
Так будет речка смерти: верно,
Дано старинными людьми».
— А сколько их дралось примерно
Сегодня? — Тысяч до семи.
— А много горцы потеряли?
— Как знать? — зачем вы не считали!
«Да! будет, кто-то тут сказал, —
Им в память этот день кровавый!»
Чеченец посмотрел лукаво
И головою покачал.

Но я боюся вам наскучить,
В забавах света вам смешны
Тревоги дикие войны;
Свой ум вы не привыкли мучить
Тяжелой думой о конце;
На вашем молодом лице
Следов заботы и печали
Не отыскать, и вы едва ли
Вблизи когда-нибудь видали,
Как умирают. Дай вам Бог
И не видать: иных тревог
Довольно есть. В самозабвенье
Не лучше ль кончить жизни путь?
И беспробудным сном заснуть
С мечтой о близком пробужденье?

Теперь прощайте: если вас
Мой безыскусственный рассказ
Развеселит, займет хоть малость,
Я буду счастлив. А не так? —
Простите мне его как шалость
И тихо молвите: чудак!..

1840

ЗАВЕЩАНИЕ

Наедине с тобою, брат,
Хотел бы я побыть:
На свете мало, говорят,
Мне остается жить!
Поедешь скоро ты домой:
Смотри ж... Да что? моей судьбой,
Сказать по правде, очень
Никто не озабочен.

А если спросит кто-нибудь...
Ну, кто бы ни спросил,
Скажи им, что навылет в грудь
Я пулей ранен был;
Что умер честно за царя,
Что плохи наши лекаря
И что родному краю
Поклон я посылаю.

Отца и мать мою едва ль
Застанешь ты в живых...
Признаться, право, было б жаль
Мне опечалить их;
Но если кто из них и жив,
Скажи, что я писать ленив,
Что полк в поход послали,
И чтоб меня не ждали.

Соседка есть у них одна...
Как вспомнишь, как давно
Расстались!.. Обо мне она
Не спросит... всё равно
Ты расскажи всю правду ей,
Пустого сердца не жалей;
Пускай она поплачет...
Ей ничего не значит!

1840

THE TESTAMENT

I want to be alone with you
A little while, my friend:
It can't be long; my days are few
To live, and soon the end.
I see you're going home on leave.
Then listen... no! I do believe
There's no one over there
Who'll ask for me, or care.

And yet if someone asks — one might,
It doesn't matter who, —
Say a bullet hit me in the fight
And that I'm really through.
Explain how poor our doctors are
And that I served in faith the tsar;
And do remember me
To friends I'll never see.

I don't imagine you will find
My folks are living now...
I'd really suffer in my mind
To grieve them anyhow.
But if by chance they live, then say
I'm poor at writing, far away;
They must not wait in vain
My coming home again.

We had a neighbor there nearby.
How very long ago,
Come think of it, we said goodbye!
She'll never ask, I know...
But tell her everything, apart,
And do not spare her empty heart:
She'll cry a little... let her —
To her it doesn't matter!

Translated by Eugene M. Kayden

ОПРАВДАНИЕ

Когда одни воспоминанья
О заблуждениях страстей,
На место славного названья,
Твой друг оставит меж людей, —

И будет спать в земле безгласно
То сердце, где кипела кровь,
Где так безумно, так напрасно
С враждой боролася любовь, —

Когда пред общим приговором
Ты смолкнешь, голову склоня,
И будет для тебя позором
Любовь безгрешная твоя, —

Того, кто страстью и пороком
Затмил твои младые дни,
Молю: язвительным упреком
Ты в оный час не помяни.

Но пред судом толпы лукавой
Скажи, что судит нас иной
И что прощать святое право
Страданьем куплено тобой.

1841

VINDICATION

When nothing but their spiteful rumors
About my erring ways and shame
Remain remembered in the world
As wrongs dishonoring my name;

When in a grave unknown will slumber
My heart that panted deep with pain,
My dreaming heart where passion splendid
And hatred struggled long in vain;

And when with drooping head, in silence,
You hear their judgment and their blame,
And your unspotted life of perfect
Love should become your doom and shame;

For him, whose passion and offences
Have darkened all your days of youth,
I pray, forbear in your reproaches
To speak his name with stinging truth.

Before the bar of crafty judges
Say that another Judge is King,
And that the right of true forgiveness
You purchased with your suffering.

Translated by Eugene M. Kayden

РОДИНА

Люблю отчизну я, но странною любовью!
Не победит ее рассудок мой.
        Ни слава, купленная кровью,
Ни полный гордого доверия покой,
Ни темной старины заветные преданья
Не шевелят во мне отрадного мечтанья.
        Но я люблю — за что, не знаю сам —
        Ее степей холодное молчанье,
        Ее лесов безбрежных колыханье,
Разливы рек ее, подобные морям;
Проселочным путем люблю скакать в телеге
И, взором медленным пронзая ночи тень,
Встречать по сторонам, вздыхая о ночлеге,
Дрожащие огни печальных деревень.
        Люблю дымок спаленной жнивы,
        В степи ночующий обоз,
        И на холме средь желтой нивы
        Чету белеющих берез.
        С отрадой многим незнакомой
        Я вижу полное гумно,
        Избу, покрытую соломой,
        С резными ставнями окно;
        И в праздник, вечером росистым,
        Смотреть до полночи готов
        На пляску с топаньем и свистом
        Под говор пьяных мужичков.

1841

MY NATIVE LAND

If I do love my land, strangely I love it:
'tis something reason cannot cure.
Glories of war I do not covet,
but neither peace proud and secure,
nor the mysterious past and dim romances
can spur my soul to pleasant fancies.

And I still love thee — why I hardly know:
I love thy fields so coldly meditative,
native dark swaying woods and native
rivers that sea-like foam and flow.

In a clattering cart I love to travel
on country roads: watching the rising star,
yearning for sheltered sleep, my eyes unravel
the trembling lights of sad hamlets afar.

I also love the smoke of burning stubble,
vans huddled in the prairie night;
corn on a hill crowned with the double
grace of twin birches gleaming white.

Few are the ones who feel the pleasure
of seeing barns bursting with grain and hay,
well-thatched cottage-roofs made to measure
and shutters carved and windows gay.

And when the evening dew is glistening,
long may I hear the festive sound
of rustic dancers stamping, whistling
with drunkards clamouring around.

Translated by Vladimir Nabokov

* * *

На севере диком стоит одиноко
       На голой вершине сосна
И дремлет качаясь, и снегом сыпучим
       Одета, как ризой, она.

И снится ей всё, что в пустыне далекой —
       В том крае, где солнца восход,
Одна и грустна на утесе горючем
       Прекрасная пальма растет.

1841

IMITATION OF HEINE

A pine there stands in the Northern wilds
    alone on a barren bluff
swaying and dreaming and clothed by the snow
    in a cloak of the finest fluff —

dreaming a dream of a distant waste
    a country of sun-flushed sands
where all forlorn on a torrid cliff
    a lovely palmtree stands.

Translated by Vladimir Nabokov

ЛЮБОВЬ МЕРТВЕЦА

Пускай холодною землею
Засыпан я,
О друг! всегда, везде с тобою
Душа моя.
Любви безумного томленья,
Жилец могил,
В стране покоя и забвенья
Я не забыл.

*

Без страха в час последней муки
Покинув свет,
Отрады ждал я от разлуки —
Разлуки нет.
Я видел прелесть бестелесных,
И тосковал,
Что образ твой в чертах небесных
Не узнавал.

*

Что мне сиянье Божьей власти
И рай святой?
Я перенес земные страсти
Туда с собой.
Ласкаю я мечту родную
Везде одну;
Желаю, плачу и ревную,
Как встарину.

*

Коснется ль чуждое дыханье
Твоих ланит,
Моя душа в немом страданье
Вся задрожит.
Случится ль, шепчешь засыпая
Ты о другом,
Твои слова текут пылая
По мне огнем.

A DEAD MAN'S LOVE

My body, it is true, lies buried
    Deep in a grave,
Yet everywhere forever, dearest,
    Your love I crave.
Beyond the earth, in highest regions
    Of bliss above,
I still remember all my anguish
    And pangs of love.

I hoped, at death, our earthly parting —
    An end to pain,
And peace at last forevermore;
    I hoped in vain.
I saw the pure unbodied spirits,
    But longed for you;
I sought, in grief, among the blessed
    Your features true.

What bliss to me celestial glory,
    And paradise,
When still I suffer earthly passions
    And earthly sighs?
When dearer than the bliss of Heaven
    Your love I hold;
When still I yearn with jealous weeping
    As in days of old?

I long, I tremble, dear! My hope
    Within me dies,
Lest another with endearment gazes
    Into your eyes.
And if you whisper in your slumber
    Another name,
Your words would make my spirit wither
    As in a flame.

*

Ты не должна любить другого,
        Нет, не должна,
Ты мертвецу, святыней слова,
        Обручена.
Увы, твой страх, твои моленья
        К чему оне?
Ты знаешь, мира и забвенья
        Не надо мне!

1841

You shall not love another, never!
    O love divine!
By sacred words and pledges spoken
    You are wholly mine.
What meaning all your fear and prayer
    Beside the grave?
Not peace, oblivion, nor bliss
    For myself I crave!

Translated by Eugene M. Kayden

‹ИЗ АЛЬБОМА С. Н. КАРАМЗИНОЙ›

Любил и я в былые годы,
В невинности души моей,
И бури шумные природы,
И бури тайные страстей.

Но красоты их безобразной
Я скоро таинство постиг,
И мне наскучил их несвязный
И оглушающий язык.

Люблю я больше год от году,
Желаньям мирным дав простор,
Поутру ясную погоду,
Под вечер тихий разговор,

Люблю я парадоксы ваши,
И ха-ха-ха, и хи-хи-хи,
Смирновой штучку, фарсу Саши
И Ишки Мятлева стихи...

1841

FROM SOPHIE KARAMZINA'S ALBUM

When I was young and knew no better
(In days which now are gone for good)
I used to love wild, stormy weather,
And stormy passions in my blood.

But soon the secret of their formless
Beauty revealed itself to me;
I found their savage accents boresome —
All deafening noise, no harmony.

Now more and more, with each year's turning,
As my desires grow more humdrum,
I love fine weather in the morning,
And quiet talk when evening comes.

I love your witty paradoxes —
Your ha, ha, ha and hee, hee, hee;
Smirnova's capers, Sasha's farces,
And Ishka's wacky poetry.

Translated by Guy Daniels

ДОГОВОР

Пускай толпа клеймит презреньем
Наш неразгаданный союз,
Пускай людским предубежденьем
Ты лишена семейных уз.

Но перед идолами света
Не гну колени я мои;
Как ты, не знаю в нем предмета
Ни сильной злобы, ни любви.

Как ты, кружусь в весельи шумном,
Не отличая никого:
Делюся с умным и безумным,
Живу для сердца своего.

Земного счастья мы не ценим,
Людей привыкли мы ценить:
Себе мы оба не изменим,
А нам не могут изменить.

В толпе друг друга мы узнали;
Сошлись и разойдемся вновь.
Была без радости любовь,
Разлука будет без печали.

1841

AGREEMENT

Let idle crowds defame, disdainful,
Your love they cannot know nor guess,
And then through scorn and prejudice
Deny your bonds of tenderness.

No slave unto the world's opinion,
I do not kneel before the great;
Like you, I think their cause unworthy
My heart's devotion or my hate.

Like you, I share their noisy pleasures,
Yet know them not as souls apart:
I take alike the wise and foolish
And keep the mandate of my heart.

Alike, we do not prize their world,
Their happiness, their ways. We say
We never can betray each other,
Nor strangers you or me betray.

So brief the time for meeting now
As friends when we must part again,
And so unreal our happiness,
We part with little grief or pain.

Translated by Eugene M. Kayden

* * *

Прощай, немытая Россия,
Страна рабов, страна господ,
И вы, мундиры голубые,
И ты, им преданный народ.

Быть может, за стеной Кавказа
Сокроюсь от твоих пашей,
От их всевидящего глаза,
От их всеслышащих ушей.

1841

* * *

Farewell forever, unwashed Russia!
O land of slaves, and masters cruel!
And you, blue-uniformed oppressors!
And you, meek nation whom they rule!

Beyond the Caucasus' high ridges,
I may be safe from your viziers —
From their all-seeing eyes quite hidden,
And far from their all-hearing ears.

Translated by Guy Daniels

УТЕС

Ночевала тучка золотая
На груди утеса-великана;
Утром в путь она умчалась рано,
По лазури весело играя;

Но остался влажный след в морщине
Старого утеса. Одиноко
Он стоит, задумался глубоко,
И тихонько плачет он в пустыне.

1841

THE CLOUD

To the giant cliff's wide bosom straying
 Came a golden cloud, and soon was sleeping.
 In the early dawn it woke, and leaping,
Hurried down the blue sky, gaily playing.

On the old cliff's wrinkled breast remaining,
 Was a humid trace of dew-drops only.
 Lost in thought the cliff stands, silent, lonely;
In the wilderness its tears are raining!

Translated by Nathan Haskell Dole

СПОР

Как-то раз перед толпою
  Соплеменных гор
У Казбека с Шат-горою*
  Был великий спор.
«Берегись! — сказал Казбеку
  Седовласый Шат, —
Покорился человеку
  Ты недаром, брат!
Он настроит дымных келий
  По уступам гор;
В глубине твоих ущелий
  Загремит топор;
И железная лопата
  В каменную грудь,
Добывая медь и злато,
  Врежет страшный путь.
Уж проходят караваны
  Через те скалы́,
Где носились лишь туманы
  Да цари-орлы.
Люди хитры! Хоть и труден
  Первый был скачок,
Берегися! многолюден
  И могуч Восток!»
— Не боюся я Востока! —
  Отвечал Казбек, —
Род людской там спит глубоко
  Уж девятый век.
Посмотри: в тени чинары
  Пену сладких вин
На узорные шальвары
  Сонный льет грузин;
И склонясь в дыму кальяна
  На цветной диван,
У жемчужного фонтана
  Дремлет Тегеран.

---

* Шат-Елбрус. (*Примечание Лермонтова*).

DISPUTE

Once, before a tribal meeting
      Of the mountain throng,
Kazbek-hill with Shat-the-mountain
      Wrangled loud and long.
«Have a care, Kazbek, my brother»,
      Shat, the grey-haired, spoke;
«Not for naught hath human cunning
      Bent thee to the yoke.
Man will build his smoky cabins
      On thy hillside steep;
Up thy valley's deep recesses
      Ringing axe will creep;
Iron pick will tear a pathway
      To thy stony heart,
Delving yellow gold and copper
      For the human mart.
Caravans, e'en now, are wending
      O'er thy stately heights,
Where the mists and kingly eagles
      Wheeled alone their flights.
Men are crafty; what though trying
      Proved the first ascent,
Many-peopled, mark, and mighty
      Is the Orient».

«Nay, I do not dread the Orient»,
      Kazbek, answering, jeers;
«There mankind has spent in slumber
      Just nine hundred years.
Look, where 'neath the shade of plane trees
      Sleepy Georgians gape,
Spilling o'er their broidered clothing
      Foam of luscious grape!
See, 'mid wreaths of pipe-smoke, lying
      On his flowered divan,
By the sparkling pearly fountain
      Dozeth Teheran!
«Lo! around Jerusalem's city,

Вот — у ног Ерусалима,
    Богом сожжена,
Безглагольна, недвижима
    Мертвая страна;
Дальше, вечно чуждый тени,
    Моет желтый Нил
Раскаленные ступени
    Царственных могил.
Бедуин забыл наезды
    Для цветных шатров
И поет, считая звезды,
    Про дела отцов.
Всё, что здесь доступно оку,
    Спит, покой ценя...
Нет! не дряхлому Востоку
    Покорить меня! —

«Не хвались еще заране! —
    Молвил старый Шат, —
Вот на севере в тумане
    Что-то видно, брат!»

Тайно был Казбек огромный
    Вестью той смущен;
И, смутясь, на север темный
    Взоры кинул он;
И туда в недоуменье
    Смотрит, полный дум:
Видит странное движенье,
    Слышит звон и шум.
От Урала до Дуная,
    До большой реки,
Колыхаясь и сверкая,
    Движутся полки;
Веют белые султаны,
    Как степной ковыль;
Мчатся пестрые уланы,
    Подымая пыль;
Боевые батальоны
    Тесно в ряд идут,
Впереди несут знамены,
    В барабаны бьют;
Батареи медным строем
    Скачут и гремят,
И, дымясь, как перед боем,
    Фитили горят.
И испытанный трудами

Burned by God's command,
Motionless, in voiceless stillness,
Death-like, lies the land.

«Farther off, to shade a stranger,
Yellow Nilus laves,
Glowing in the glare of noonday,
Steps of royal graves.
Bedouins forget their sorties
For brocaded tents,
While they count the stars and sing of
Ancestral events.
All that there the vision greeteth
Sleeps in prized repose;
No! the East will ne'er subdue me;
Feeble are such foes!»

«Do not boast thyself so early»,
Answered ancient Shat;
«In the North, look! 'mid the vapours,
Something rises! What?»

Secretly the mighty Kazbek
At this warning shook,
And, in trouble, towards the nor'ward
Cast a hurried look.
As he looks, in perturbation,
Filled with anxious care,
He beholds a strange commotion,
Hears a tumult there.
Lo! from Ural to the Danube,
To the mighty stream,
Tossing, sparkling in the sunlight,
Moving regiments gleam;
Glancing wave the white-plumed helmets
Like the prairie grass,
While, 'mid clouds of dust careering,
Flashing Uhlans pass.
Crowded close in serried phalanx
War battalions come;
In the van they bear the standards,
Thunders loud the drum;
Streaming forth like molten copper
Batteries, rumbling, bound;
Smoking just before the battle
Torches flare around;
Skilled in toils of stormy warfare,

Бури боевой,
Их ведет, грозя очами,
Генерал седой.
Идут все полки могучи,
Шумны как поток,
Страшно-медленны, как тучи,
Прямо на восток.

И томим зловещей думой,
Полный черных снов,
Стал считать Казбек угрюмый —
И не счел врагов.
Грустным взором он окинул
Племя гор своих,
Шапку* на́ брови надвинул —
И навек затих.

1841

---

* Горцы называют шапкою облака, постоянно лежащие на вершине Казбека. *(Примечание Лермонтова).*

Heading the advance,
See! A grey-haired general guides them,
Threat'ning is his glance.
Onwards move the mighty regiments
With a torrent's roar;
Terrible, like gathering storm-clouds,
East, due east, they pour.

Then, oppressed with dire forebodings,
Filled with gloomy dreams,
Strove Kazbek to count the foemen,
Failed to count their streams.
Glancing on his tribal mountains,
Sadly gloomed the hill;
Drew across his brows his mistcap,
And for aye was still.

Translated by John Pollen

СОН

В полдневный жар в долине Дагестана
С свинцом в груди лежал недвижим я;
Глубокая еще дымилась рана,
По капле кровь точилася моя.

Лежал один я на песке долины;
Уступы скал теснилися кругом,
И солнце жгло их желтые вершины
И жгло меня — но спал я мертвым сном.

И снился мне сияющий огнями
Вечерний пир в родимой стороне.
Меж юных жен, увенчанных цветами,
Шел разговор веселый обо мне.

Но в разговор веселый не вступая,
Сидела там задумчиво одна,
И в грустный сон душа ее младая
Бог знает чем была погружена;

И снилась ей долина Дагестана;
Знакомый труп лежал в долине той;
В его груди дымясь чернела рана,
И кровь лилась хладеющей струей.

1841

THE DREAM

A vale in Dagestan, the noon sun gleaming,
There, bullet-stricken, motionless I lay;
My wound was deep and had not ceased its steaming
As drop by drop my life blood oozed away.

I lay alone there in the sandy hollow;
The cliffs rose sharply, shelving all around,
The sun burned down on hilltops bare and yellow,
And on me, too: my sleep was deathly sound.

I dreamed a scene of lights and glowing dresses,
An evening feast back home I seemed to see;
And youthful wives with flowers in their tresses
Held cheerful conversation about me.

But taking no part in this scene of gladness,
A certain one sat thoughtful and apart;
Her soul had conjured up a scene of sadness
And, God knows how, it had possessed her heart.

A vale in Dagestan came in her dreaming,
A well-known body in that valley lay;
The body bore a chest wound black and steaming
And blood ran down and, cooling, ebbed away.

Translated by Alan Myers

ТАМАРА

В глубокой теснине Дарьяла,
Где роется Терек во мгле,
Старинная башня стояла,
Чернея на черной скале.

В той башне высокой и тесной
Царица Тамара жила:
Прекрасна, как ангел небесный,
Как демон коварна и зла.

И там сквозь туман полуночи
Блистал огонек золотой,
Кидался он путнику в очи,
Манил он на отдых ночной.

И слышался голос Тамары:
Он весь был желанье и страсть,
В нем были всесильные чары,
Была непонятная власть.

На голос невидимой пери
Шел воин, купец и пастух;
Пред ним отворялися двери,
Встречал его мрачный евнух.

На мягкой пуховой постели,
В парчу и жемчуг убрана,
Ждала она гостя. Шипели
Пред нею два кубка вина.

Сплетались горячие руки,
Уста прилипали к устам,
И странные, дикие звуки
Всю ночь раздавалися там.

Как будто в ту башню пустую
Сто юношей пылких и жен
Сошлися на свадьбу ночную,
На тризну больших похорон.

TAMÁRA

In the narrow deep of Daryál
Where Terek writhes in gloom,
Once rose a lonely old tower
On a drear, dark cliff of doom.

Long ago in that desolate tower
There lived Tamára the queen:
She lived like a demon in evil;
She moved like an angel serene.

There glittered in mist at midnight
A golden mysterious light,
The heart of the pilgrim alluring
With promise of rest in the night.

At night rang the voice of Tamára;
It quivered with passion and pain,
Descending with witching enchantment
And spell of a luring refrain.

Then warrior, trader, or herdsman
Came out from the night at her call.
A portal swung open; a eunuch
Saluted the guest in the hall.

In jewels, on cushions of velvet,
Adorned as a princess divine,
Tamára lay waiting, — before her,
Two goblets of hissing red wine.

With rapture and trembling caresses
And clasping of hands in delight,
Their outcries of passion and revel
Divided the darkness of night,

As though in that desolate tower
A hundred mad lovers made feast
At a bridal, or honored the passing
Of a sovereign king of the East.

Но только что утра сиянье
Кидало свой луч по горам,
Мгновенно и мрак и молчанье
Опять воцарялися там.

Лишь Терек в теснине Дарьяла
Гремя нарушал тишину;
Волна на волну набегала,
Волна погоняла волну;

И с плачем безгласное тело
Спешили они унести;
В окне тогда что-то белело,
Звучало оттуда: прости.

И было так нежно прощанье,
Так сладко тот голос звучал,
Как будто восторги свиданья
И ласки любви обещал.

1841

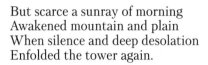

But scarce a sunray of morning
Awakened mountain and plain
When silence and deep desolation
Enfolded the tower again.

And only the turbulent Terek
Disputed the silence profound;
His waves sprang higher in fury
And raced with a thunderous sound.

They bore in their waters a body
And hastened with wailing and cries;
A hand shone white at a casement
In a farewell murmur of sighs.

So tender the murmur of parting
And sweet with languishing pain,
It seemed a pledge of their meeting
And of love and caresses again.

Translated by Eugene M. Kayden

СВИДАНЬЕ

1

Уж за горой дремучею
        Погас вечерний луч,
Едва струей гремучею
        Сверкает жаркий ключ;
Сады благоуханием
        Наполнились живым,
Тифлис объят молчанием,
        В ущельи мгла и дым.
Летают сны-мучители
        Над грешными людьми,
И ангелы-хранители
        Беседуют с детьми.

2

Там за твердыней старою
        На сумрачной горе
Под свежею чинарою
        Лежу я на ковре.
Лежу один и думаю:
        Ужели не во сне
Свиданье в ночь угрюмую
        Назначила ты мне?
И в этот час таинственный,
        Но сладкий для любви,
Тебя, мой друг единственный,
        Зовут мечты мои.

3

Внизу огни дозорные
        Лишь на мосту горят,
И колокольни черные
        Как сторожи стоят;
И поступью несмелою
        Из бань со всех сторон
Выходят цепью белою
        Четы грузинских жен;

THE RENDEZVOUS

Behind the purpling evening
    The mountain ranges dream,
And softly in the shadows
    Flashes the silver stream.
The flowers fill each garden
    Awake with sweetness new;
Tiflís is wrapped in silence,
    Ravines in dimness blue.
Now dreams of evil hover
    Above the sinners' heads,
And angels speak with children
    Asleep in quiet beds.

Above the cliff, in darkness,
    A castle rises high;
Close by beneath a plane tree
    On woven rugs I lie.
Alone I lie and wonder:
    In truth or mockery
Did you promise in the evening
    To keep a tryst with me?
In this hour of secret being,
    Of love and sweet delight,
I call you best and faithful
    Within the gloomy night.

Along the bridge below me
    Rise points of light aglow;
Black towers loom in darkness
    Like watchmen in a row.
From all the watering places
    I see on every side,
In robes of white, like shadows
    The Gruzian women glide.

Вот улицей пустынною
    Бредут, едва скользя...
Но под чадрою длинною
    Тебя узнать нельзя!..

4

Твой домик с крышей гладкою
    Мне виден вдалеке;
Крыльцо с ступенью шаткою
    Купается в реке;
Среди прохлады, веющей
    Над синею *Курой*,
Он сетью зеленеющей
    Опутан плющевой;
За тополью высокою
    Я вижу там окно...
Но свечкой одинокою
    Не светится оно!

5

Я жду. В недоумении
    Напрасно бродит взор:
Кинжалом в нетерпении
    Изрезал я ковер;
Я жду с тоской бесплодною,
    Мне грустно, тяжело...
Вот сыростью холодною
    С востока понесло,
Краснеют за туманами
    Седых вершин зубцы,
Выходят с караванами
    Из города купцы...

6

Прочь, прочь, слеза позорная,
    Кипи, душа моя!
Твоя измена черная
    Понятна мне, змея!
Я знаю, чем утешенный
    По звонкой мостовой
Вчера скакал, как бешеный,
    Татарин молодой.
Недаром он красуется
    Перед твоим окном,
И твой отец любуется
    Персидским жеребцом.

In silent pairs, in darkness,
    They move along the trails;
But I do not find your likeness
    Among the flowing veils.

Your little house and terrace
    I now can see from far,
The porch and steps reflected
    Within the shallow bar.
Beside the Kura, mantled
    In coolness and in blue,
It stands enclosed with ivy
    And flower beds in dew.
I see behind a poplar
    A window in the wall:
But where the lamp you promised
    To light at evenfall?

I wait with deep misgiving;
    I watch in vain your hut;
Impatient, with my dagger
    The woven rug I cut.
I wait alone, in anguish,
    And heavy is my heart;
The night grows colder, paler,
    And shadows move apart.
In amber light emerges
    Afar a mountain crest;
The caravans of camels
    Awaken from their rest.

Forget her love and promise!
    O soul of wrath, awake!
I know she is unfaithful,
    A mocker and a snake!
I know full well the reason
    Why on the ringing way
A Tartar youth came riding
    In a hurry yesterday.
He rode beneath her window,
    His Persian steed astride;
Her father shrewdly prizes
    The steed he rode in pride.

7

Возьму винтовку длинную,
        Пойду я из ворот:
Там под скалой пустынною
        Есть узкий поворот.
До полдня за могильною
        Часовней подожду
И на дорогу пыльную
        Винтовку наведу.
Напрасно грудь колышется!
        Я лег между камней;
Чу! близкий топот слышится...
        А! это ты, злодей!

1841

I'll take my trusty rifle
     And go across the vale;
I know a craggy hillside,
     I know a narrow trail.
Alone, I will be waiting,
     Alone on watch remain;
I will cover with my rifle
     The hill and dusty plain.
Be strong, O heart, be patient!
     I crouch beside a stone.
Who gallops in the mountains?
     My rival, — and alone.

Translated by Eugene M. Kayden

ЛИСТОК

Дубовый листок оторвался от ветки родимой
И в степь укатился, жестокою бурей гонимый;
Засох и увял он от холода, зноя и горя
И вот наконец докатился до Черного моря.

У Черного моря чинара стоит молодая;
С ней шепчется ветер, зеленые ветви лаская;
На ветвях зеленых качаются райские птицы;
Поют они песни про славу морской царь-девицы.

И странник прижался у корня чинары высокой;
Приюта на время он молит с тоскою глубокой
И так говорит он: «Я бедный листочек дубовый,
До срока созрел я и вырос в отчизне суровой.

Один и без цели по свету ношуся давно я,
Засох я без тени, увял я без сна и покоя.
Прими же пришельца меж листьев своих изумрудных,
Немало я знаю рассказов мудреных и чудных».

— На что мне тебя? — отвечает младая чинара,
Ты пылен и желт, — и сынам моим свежим не пара.
Ты много видал — да к чему мне твои небылицы?
Мой слух утомили давно уж и райские птицы.

Иди себе дальше; о странник! тебя я не знаю!
Я солнцем любима, цвету для него и блистаю;
По небу я ветви раскинула здесь на просторе,
И корни мои умывает холодное море.

1841

AN OAK LEAF

One leaf of the oak from his branch tore away,
And, lashed by a storm, he wandered astray;
All withered by heat and the wintery blast,
He fell on the shore of the Black Sea at last.

The fairest chinar grew tall near the sea;
The breezes caressed the green leaves of the tree;
The birds sang in rapture, their feathers in flame;
They told of a mermaid, they fluted her name.

The pilgrim lay near the chinar in his grief,
Imploring cool rest for a day and relief.
Behold me! — he prayed — in my desolate North
I grew up too soon, and too soon came forth.

Alone, without aim, I wandered on earth;
I am faint and withered from weather and dearth.
O let me remain with your leaves for a day!
I will tell them of wonders I heard on my way.

Of what good are you? — the chinar then replied, —
All yellow and dry, with my children to bide?
What profit your stories? With strains of their song
The birds in my branches have tired me long.

Go, pilgrim, your way! Your breed is not mine!
I'm loved by the sun; in its glory I shine.
My branches I lift to the sky in my pride,
And my roots are washed by the great sea tide.

Translated by Eugene M. Kayden

* * *

1

Выхожу один я на дорогу;
Сквозь туман кремнистый путь блестит;
Ночь тиха. Пустыня внемлет Богу,
И звезда с звездою говорит.

2

В небесах торжественно и чудно!
Спит земля в сияньи голубом...
Что же мне так больно и так трудно?
Жду ль чего? жалею ли о чем?

3

Уж не жду от жизни ничего я,
И не жаль мне прошлого ничуть;
Я ищу свободы и покоя!
Я б хотел забыться и заснуть!

4

Но не тем холодным сном могилы...
Я б желал навеки так заснуть,
Чтоб в груди дремали жизни силы,
Чтоб дыша вздымалась тихо грудь;

5

Чтоб всю ночь, весь день мой слух лелея,
Про любовь мне сладкий голос пел,
Надо мной чтоб вечно зеленея
Темный дуб склонялся и шумел.

1841

* * *

Lone I walk at night upon the highway;
In a mist the stony road gleams far.
Still the night; to God the barren listens,
And each star speaks softly to each star.

In the skies what majesty and wonder!
Field and wood dream in a haze of blue.
Why unresting then my troubled spirit?
Do I wait on days of hope anew?

Nothing more I hope among the living,
Nothing of my past I now regret;
All I ask — the hour of peace and freedom;
All I wish — to sleep and to forget.

In my grave — O not in cold and darkness —
Would I lie in my eternal rest!..
Let me feel the pulse of life undying
Stir forever softly in my breast;

Let all night, all day, a voice enchanted
Sing of love to me above my grave,
And one oak with shadows wide, resounding,
Ever green above me watch and wave.

Translated by Eugene M. Kayden

МОРСКАЯ ЦАРЕВНА

В море царевич купает коня;
Слышит: «Царевич! взгляни на меня!»

Фыркает конь и ушами прядет,
Брызжет и плещет и дале плывет.

Слышит царевич: «Я царская дочь!
Хочешь провесть ты с царевною ночь?»

Вот показалась рука из воды,
Ловит за кисти шелко́вой узды.

Вышла младая потом голова;
В косу вплелася морская трава.

Синие очи любовью горят;
Брызги на шее, как жемчуг, дрожат.

Мыслит царевич: «Добро же! постой!»
За косу ловко схватил он рукой.

Держит, рука боевая сильна:
Плачет и молит и бьется она.

К берегу витязь отважно плывет;
Выплыл; товарищей громко зовет.

«Эй, вы! сходитесь, лихие друзья!
Гляньте, как бьется добыча моя...

Что ж вы стоите смущенной толпой?
Али красы не видали такой?»

Вот оглянулся царевич назад:
Ахнул! померк торжествующий взгляд.

Видит, лежит на песке золотом
Чудо морское с зеленым хвостом;

BALLAD. THE QUEEN OF THE SEA

The young Prince is swimming his steed in the sea;
He heareth a voice: «Oh, Prince, look upon me!»

Loud snorteth the steed as he pricks up his ears;
He splashes the foam as he plunges and rears.

Again hears the Prince: «A king's daughter I be;
Art thou willing to pass the whole evening with me?»

Behold, from the water a white hand extends,
And catches reins by their silk tassel-ends.

To the white hand a young face there quickly succeeds;
In her locks are entangled the twisted seaweeds.

Her blue eyes are gleaming with love's wild delight;
On her bosom the foam-drops like pearls sparkle bright.

Then thinketh the Prince: «You must stay, lady fair»;
And adroitly he windeth his hand in her hair.

He has caught her. The hand of the warrior's strong;
She weeps and she prays as they struggle along.

The Prince to the shore swimmeth on in his pride;
He lands, and loud calls he his friends to his side.

«Ho! come, my brave comrades, and look at my prey.
Behold how she struggles! She'll ne'er get away.

«Why stand ye a terrified group on the shore?
Ye have ne'er seen a beauty like this one before».

Back glanceth the Prince, with delight, on his prize;
But the proud look of triumph soon fades from his eyes.

With a shudder he sees on the golden sand trail
A fearsome sea-monster, with hideous green tail —

Хвост чешуею змеиной покрыт,
Весь замирая, свиваясь дрожит;

Пена струями сбегает с чела,
Очи одела смертельная мгла.

Бледные руки хватают песок;
Шепчут уста непонятный упрек...

Едет царевич задумчиво прочь.
Будет он помнить про царскую дочь!

1841

A tail covered over with scales like a snake,
Its quivering coils in death-agony shake.

The foam from her forehead is pouring in streams,
And the darkness of death from her closing eye gleams:

Her pale hands are clutching the sands of the sea,
And of purport unknown a reproach whispers she.

Afar rides the Prince — deep in thought rideth he;
For long years he'll remember «the Queen of the Sea».

Translated by John Pollen

ПРОРОК

С тех пор как вечный судия
Мне дал всеведенье пророка,
В очах людей читаю я
Страницы злобы и порока.

Провозглашать я стал любви
И правды чистые ученья:
В меня все ближние мои
Бросали бешено каменья.

Посыпал пеплом я главу,
Из городов бежал я нищий,
И вот в пустыне я живу,
Как птицы, даром Божьей пищи;

Завет предвечного храня,
Мне тварь покорна там земная;
И звезды слушают меня,
Лучами радостно играя.

Когда же через шумный град
Я пробираюсь торопливо,
То старцы детям говорят
С улыбкою самолюбивой:

«Смотрите: вот пример для вас!
Он горд был, не ужился с нами.
Глупец, хотел уверить нас,
Что Бог гласит его устами!

Смотрите ж, дети, на него:
Как он угрюм и худ и бледен!
Смотрите, как он наг и беден,
Как презирают все его!»

1841

THE PROPHET

E'er since the time the Judge on high
Conferred on me a prophet's vision,
I read in ev'ry passing eye
Whole tomes of malice and derision.

When I proclaimed love to the world
And revelation's pure injunction
My kin as one in fury hurled
Sharp stones at me without compunction.

I sprinkled ashes on my head,
In poverty all towns avoided
And live in wastelands here instead,
Like birds, my food by God provided.

The Everlasting Law I keep,
The brute creation is obedient:
The stars hark unto me like sheep,
And play there, joyously and radiant.

Whenever I must make my way
Through noisy towns with hurried paces,
The elders to their children say
With self-possessed, complacent faces:

«Just look there, what do you perceive
To live among us never deigning,
The proud fool wished us to believe
That God spoke through his lips disdaining.

Mark well, then, children, look at him:
How sad he is, how thin and haggard!
Look well, and see how poor and ragged.
How everyone despises him!»

Translated by Alan Myers

* * *

1

Нет, не тебя так пылко я люблю,
Не для меня красы твоей блистанье:
Люблю в тебе я прошлое страданье
И молодость погибшую мою.

2

Когда порой я на тебя смотрю,
В твои глаза вникая долгим взором:
Таинственным я занят разговором,
Но не с тобой я сердцем говорю.

3

Я говорю с подругой юных дней;
В твоих чертах ищу черты другие;
В устах живых уста давно немые,
В глазах огонь угаснувших очей.

1841

* * *

No, not for you, for you, does my love flame;
'Tis not for me, your beauty brightly shining.
In you my love is for old anguish pining,
For youth once mine before disaster came.

And when at time I look into your eyes
And dwell on them with long and lingering glances,
I converse in mysterious utterances, —
'Tis not in words to you that my heart lies.

I speak to a companion of young days;
In yours, I seek another's face once cherished,
In living lips, lips that have long since perished,
In eyes, a flame that was long since ablaze.

Translated by Cecil Maurice Bowra

По голубому небу пролетев
однажды Демон... съ злобой адскои
онъ въ безпредѣльности грустнои взорѣ кидалъ
И вспоминалъ безъ передъ своею прежни
Тѣ солнцы. — Ето небо гдѣ творецъ
внималъ его хвалами и наконецъ
проклятьями, сыпъ вездѣ.... вскругомъ
Прекрасно въ блескѣ всемогущемъ;

Какъ при раздѣлѣ временъ, въ потемкахъ было к 7[?] свѣтѣ, близкои часъ,
Когда отъ мрака отдѣлился свѣтъ,
И, отцы мѣсяцевъ, онъ въ первои разъ
встрѣчалъ небо и юность. — Искань но мигъ
у сребра пихъ
невозвратимыхъ мигъ съ тѣхъ поръ прошло —
И онъ уже не тотъ. Его чело
полуденно онъ одна одинъ... одинъ...
въ разъ щастья, и порока властелинъ.

И ракакихъ, для чего тоскуешь ты
въ томъ что не возвратно? — но пускай! —
— Не воскресавъ душевнои чистоты,
ты не найдешь потерянныи свои раи! —
Напрасно образуешь преступныхъ взоръ
На небеса: ихъ свѣтъ — тебѣ укоръ.
— Будь гордъ... старайся мстить, ривѣ
тосмотъ? — и зло не радуетъ тебѣ?

И часто очень тоскофридую онъ
Завидовалъ унихъ поотрада есть
На искупленьи, на могилнои сонъ
встрѣчаеа несчастьа легче претерпѣть
Однои палящеи палишадскои мукъ.

Поэмы

Narrative Poems

ПЕСНЯ ПРО ЦАРЯ ИВАНА ВАСИЛЬЕВИЧА, МОЛОДОГО ОПРИЧНИКА И УДАЛОГО КУПЦА КАЛАШНИКОВА

Ох ты гой еси, царь Иван Васильевич!
Про тебя нашу песню сложили мы,
Про твово любимого опричника,
Да про смелого купца, про Калашникова:
Мы сложили ее на старинный лад,
Мы певали ее под гуслярный звон
И причитывали да присказывали.
Православный народ ею тешился,
А боярин Матвей Ромодановский
Нам чарку поднес меду пенного,
А боярыня его белолицая
Поднесла нам на блюде серебряном
Полотенцо новое, шелком шитое.
Угощали нас три дни, три ночи,
И всё слушали — не наслушались.

I

Не сияет на небе солнце красное,
Не любуются им тучки синие:
То за трапезой сидит во златом венце,
Сидит грозный царь Иван Васильевич.
Позади его стоят стольники,
Супротив его всё бояре да князья,
По бокам его всё опричники;
И пирует царь во славу Божию,
В удовольствие свое и веселие.

Улыбаясь, царь повелел тогда
Вина сладкого заморского
Нацедить в свой золоченый ковш
И поднесть его опричникам.
— И все пили, царя славили.

Лишь один из них, из опричников,
Удалой боец, буйный молодец,

A SONG OF THE TZAR IVÁN VASÍLYEVICH, OF THE YOUNG OPRÍCHNIK AND OF THE BOLD MERCHANT KALÁSHNIKOV

Now all hail to thee, Tzar Iván Vasílyevich!
Of thee and of thine have we made our song,
Of the young opríchnik thou dearly lovedst,
Of the merchant, the bold Kaláshnikov.
We fashioned it after the ancient way,
We sang it in tune to the dulcimer's sound,
We chanted it loudly that all men might hear.
And the orthodox folk took delight in our song;
The boyárin Matvyéy Romodánovski
Brought to us foaming mead in a goblet,
And his young boyárinya, fair of countenance,
Offered to us on a platter of silver
A new towel with silken broideries.
Three days and three nights have they feasted us,
And hearkened, and are not weary of hearing.

I

Oh, is it the bright sun that shineth in heaven,
And are they the clouds that draw light from his face?
Nay, here sitteth at meat the golden crowned,
The terrible Tzar Iván Vasílyevich.
Together behind him the cup-bearers stand,
Before his face the boyáre and princes,
And around him all the opríchniki.
So feasteth the Tzar, to the glory of God,
To his own exceeding comfort and joy.

Then, smiling, the Tzar gave command to his servants,
That they fill to the brim his golden cup
With the sweet red wine from over the sea,
And bear it round to all the opríchniki;
And they drank, and rejoiced, and praised the Tzar.

But one alone of all the opríchniki,
A bold fighter and dreadful in battle,

В золотом ковше не мочил усов;
Опустил он в землю очи темные,
Опустил головушку на широку грудь —
А в груди его была дума крепкая.

Вот нахмурил царь брови черные
И навел на него очи зоркие,
Словно ястреб взглянул с высоты небес
На младого голубя сизокрылого, —
Да не поднял глаз молодой боец.
Вот об землю царь стукнул палкою,
И дубовый пол на полчетверти
Он железным пробил оконечником —
Да не вздрогнул и тут молодой боец.
Вот промолвил царь слово грозное, —
И очнулся тогда добрый молодец.

«Гей ты, верный наш слуга, Кирибеевич,
Аль ты думу затаил нечестивую?
Али славе нашей завидуешь?
Али служба тебе честная прискучила?
Когда всходит месяц — звезды радуются,
Что светлей им гулять по поднебесью;
А которая в тучку прячется,
Та стремглав на землю падает...
Неприлично же тебе, Кирибеевич,
Царской радостью гнушатися;
А из роду ты ведь Скуратовых
И семьею ты вскормлен Малютиной!..»

Отвечает так Кирибеевич,
Царю грозному в пояс кланяясь:

«Государь ты наш, Иван Васильевич!
Не кори ты раба недостойного:
Сердца жаркого не залить вином,
Думу черную — не запотчевать!
А прогневал я тебя — воля царская;
Прикажи казнить, рубить голову,
Тяготит она плечи богатырские,
И сама к сырой земле она клонится».

И сказал ему царь Иван Васильевич:
«Да об чем тебе молодцу кручиниться?
Не истерся ли твой парчевой кафтан?
Не измялась ли шапка соболиная?
Не казна ли у тебя поистратилась?

Never wetted his beard in the golden cup.
On the earth his gloomy eyes were fixed
And his head sank down on his mighty chest,
And the thought in his heart was a bitter thought.

Then the Tzar drew his black brows together in wrath,
And he turned his gaze upon the opríchnik;
So looketh the hawk from heaven's blue height
On the tender wings of the turtle-dove;
Yet the warrior lifted not his eyes.
Then the Tzar struck his staff upon the ground,
That its point of iron was driven down
Full three inches deep through the oaken floor;
Yet the warrior started not, nor moved.
Then thus spake the Tzar, a terrible word,
And the young man roused him out of his dream.
«Thou, our faithful servant, Kiribyéyevich!
Dost thou hide in thy soul an evil intent?
Dost thou envy thy master his glory?
Or say, is our service so heavy a burden?
All the star-folk are glad when the moon appeareth,
That the pathways of heaven are bright to their feet;
But if any star hideth her face in a cloud
She falleth headlong from heaven to earth.
Ill beseemeth it thee, Kiribyéyevich,
Thus to carp and to frown at the joy of thy lord;
Thou, that wast born of the race of Skurátov,
Thou, that wast bred in the house of Maliúta!»

Then answereth thus Kiribyéyevich,
Bowing lowly before the terribleTzar:
«Oh master and lord, Iván Vasílyevich!
Be not angered against thine unworthy slave,
For sweet wine shall not quench a burning heart,
Nor yet may it lull black sorrow to sleep.
But if thou be wroth, is thy will not as fate?
Nay, strike off my head, if it please thee so;
It weighs on my shoulders, broad though they be,
And gladly in truth will I lay it down».

Then said unto him Iván Vasílyevich:
«Oh young gallant, what cause to lament thee hast thou?
I doubt me thy gold-broidered mantle is worn,
Or the moth has devoured thy sable-furs,
Or thy purse is empty, thy money all spent.
Hast thou found a fault in thy keen sword-edge?
Is thy horse ill-shod? Has he fallen lame?

Иль зазубрилась сабля закаленая?
Или конь захромал, худо кованый?
Или с ног тебя сбил на кулачном бою,
На Москве-реке, сын купеческий?»

Отвечает так Кирибеевич,
Покачав головою кудрявою:

«Не родилась та рука заколдованная
Ни в боярском роду, ни в купеческом;
Аргамак мой степной ходит весело;
Как стекло, горит сабля вострая,
А на праздничный день твоей милостью
Мы не хуже другого нарядимся.

«Как я сяду поеду на лихом коне
За Москву-реку покататися,
Кушаком подтянуся шелковым,
Заломлю на бочок шапку бархатную,
Черным соболем отороченную, —
У ворот стоят у тесовыих
Красны девушки да молодушки,
И любуются, глядя, перешептываясь;
Лишь одна не глядит, не любуется,
Полосатой фатой закрывается...

«На святой Руси, нашей матушке,
Не найти, не сыскать такой красавицы:
Ходит плавно — будто лебедушка;
Смотрит сладко — как голубушка;
Молвит слово — соловей поет;
Горят щеки ее румяные,
Как заря на небе Божием;
Косы русые, золотистые,
В ленты яркие заплетенные,
По плечам бегут, извиваются,
С грудью белою цалуются.
Во семье родилась она купеческой,
Прозывается Алёной Дмитревной.

«Как увижу ее, я и сам не свой:
Опускаются руки сильные,
Помрачаются очи бойкие;
Скучно, грустно мне, православный царь,
Одному по свету маяться.
Опостыли мне кони легкие,
Опостыли наряды парчевые,

Or hast thou been thrown, hast thou suffered defeat
In the boxing-match, from a merchant's son?»

Then answereth thus Kiribyéyevich,
Shaking his head with the curling locks:
«Not yet hath been born the man that shall throw me,
Whether merchant he be, or of noble house.
Merrily goeth my horse in his pride;
Shineth as glass the keen edge of my sword;
And on holidays, thanks to thy graciousness,
I can deck me as gay as another.

«When I ride through the town on my prancing horse,
By the Moscow river where all may see,
With my silken girdle about me tied
And my cap of samite set a-tilt,
Bordered with sable black and rare;
At the wooden gates of the houses stand
All the young maidens and wedded wives,
Look and wonder and whisper together.
One alone never looketh, nor turneth her head,
But hideth her face in her silken veil.

«Though thou seek throughout our mother, holy Russia,
Another one shalt thou not find so fair;
Moveth stately, as a gliding swan,
Gazeth sweetly, as a brooding dove,
Speaketh — 'tis as sings the nightingale.
Brightly burns the red upon her cheeks,
Like unto the dawn in God's clear heaven;
And the sunny tresses, golden gleaming,
Meetly bound with many-coloured ribbons,
Waving, twining, float across her shoulders,
Curl and kiss upon her bosom white.
For her birth, she cometh of a merchant's household,
And her name is Alyóna Dmítrevna.

«My heart is dust when I see her face;
All the might goeth out from my strong sword-arm,
And mine eyes are dimmed as with shadows of even;
Right sorrowful am I, most orthodox Tzar,
And alone, alone in the world so wide.
I am weary of swift-footed horses,
I am weary of sink and of samite,
And I care not at all for treasure of gold.
With whom, with whom shall I share my wealth?
Before whom shall I show my horsemanship?

И не надо мне золотой казны:
С кем казною своей поделюсь теперь?
Перед кем покажу удальство свое?
Перед кем я нарядом похвастаюсь?
Отпусти меня в степи приволжские,
На житье на вольное, на казацкое,
Уж сложу я там буйную головушку
И сложу на копье бусурманское;
И разделят по себе злы́ татаровья
Коня доброго, саблю острую
И седельцо браное черкасское.
Мои очи слезные коршун выклюет,
Мои кости сырые дождик вымоет,
И без похорон горемычный прах
На четыре стороны развеется...»

И сказал смеясь Иван Васильевич:
«Ну, мой верный слуга! я твоей беде,
Твоему горю пособить постараюся.
Вот возьми перстенек ты мой яхонтовый,
Да возьми ожерелье жемчужное.
Прежде свахе смышленой покланяйся
И пошли дары драгоценные
Ты своей Алёне Дмитревне:
Как полюбишься — празднуй свадебку,
Не полюбишься — не прогневайся».

Ох ты гой еси, царь Иван Васильевич!
Обманул тебя твой лукавый раб,
Не сказал тебе правды истинной,
Не поведал тебе, что красавица
В церкви Божией перевенчана,
Перевенчана с молодым купцом
По закону нашему христианскому...

*

Ай, ребята, пойте — только гусли стройте!
Ай, ребята, пейте — дело разумейте!
Уж потешьте вы доброго боярина
И боярыню его белолицую!

II

За прилавкою сидит молодой купец,
Статный молодец Степан Парамонович,
По прозванию Калашников;
Шелковые товары раскладывает,
Речью ласковой гостей он заманивает,

And to whom shall I boast of my brave attire?
Let me go to the desert Volga lands,
To the open waste where the Cossacks dwell;
There death shall bring peace to my restless heart,
Even death at the point of an infidel's lance.
And the cruel Tartars shall share together
My keen-edged sword and my faithful steed
And his trappings of rare Circassian work.
The ravens shall drink the tears from mine eyes,
And my bones shall bleach in the autumn rains;
Without mass or dirge mine unhappy dust
Shall be scattered abroad to the winds of heaven».

Then answered, laughing, Iván Vasílyevich:
— « Nay, rather than this, my faithful servant,
Will I seek for a means that shall ease thy grief.
Now take thou therebore my jacinth ring,
And take thou this collar of orient pearls;
To the prudent matchmaker bow thee low,
And send these gifts of precious worth
To thy fair Alyóna Dmítrevna.
If she favour thy suit, call the wedding feast;
And if not, then console thee as best thou mayst».

Now all hail to thee, Tzar Iván Vasílyevich!
But thy wily slave hath deceivéd thee;
Hath not told thee truth and verity.
Thou knowest not that this woman so fair
Is a married wife, in wedlock bound
To a merchant, in God's most holy church,
By the sacred law of Christian men.

―――――――――

Hey, merry minstrels, sing but tune each sounding string!
Hey, merry minstrels, drink, let the foaming goblets clink!
Do all honour to the virtuous boyárin,
And his young boyárinya, fair of countenance!

II

In the busy bazaar the young merchant sitteth,
The bold gallant Stepán Paramónovich,
Called by the name of Kaláshnikov.
All around him he spreadeth his silken wares;
With fair speech he enticeth the strangers to enter,
Telling with care the gold and silver coins.
But an evil day is this day to him;
All the rich boyáre pass his booth and turn not,
Enter not to chaffer and to buy.

Злато, серебро пересчитывает.
Да недобрый день задался ему:
Ходят мимо баре богатые,
В его лавочку не заглядывают.

    Отзвонили вечерню во святых церквах;
За Кремлем горит заря туманная,
Набегают тучки на небо, —
Гонит их метелица распеваючи;
Опустел широкий гостиный двор.
Запирает Степан Парамонович
Свою лавочку дверью дубовою
Да замком немецким со пружиною;
Злого пса-ворчуна зубастого
На железную цепь привязывает,
И пошел он домой, призадумавшись,
К молодой хозяйке за Москву-реку.

    И приходит он в свой высокий дом,
И дивится Степан Парамонович:
Не встречает его молода жена,
Не накрыт дубовый стол белой скатертью,
А свеча перед образом еле теплится.
И кличет он старую работницу:
«Ты скажи, скажи, Еремеевна,
А куда девалась, затаилася
В такой поздний час Алёна Дмитревна?
А что детки мои любезные —
Чай забегались, заигралися,
Спозаранку спать уложилися?»

    «Господин ты мой, Степан Парамонович!
Я скажу тебе диво дивное:
Что к вечерне пошла Алёна Дмитревна;
Вот уж поп прошел с молодой попадьей,
Засветили свечу, сели ужинать, —
А по сю пору твоя хозяюшка
Из приходской церкви не вернулася.
А что детки твои малые
Почивать не легли, не играть пошли —
Плачем плачут, всё не унимаются».

    И смутился тогда думой крепкою
Молодой купец Калашников;
И он стал к окну, глядит на улицу —

Now in the holy churches the bells have rung for vespers;
Red the misty sunset burns above the Kremlin;
Clouds rush out, and swift across the heavens
Flee before the anger of the shouting storm-wind;
Empty and deserted is the wide bazaar.
Now Stepán Paramónovich closeth up
The oaken door, and maketh it fast
With a lock of cunning workmanship;
And hard by the door, with an iron chain,
He bindeth the watchdog faithful and grim;
Then sadly and soberly goeth he home
To his fair young wife, by the river-side.

Now cometh he into his lofty house,
And amazement seizeth Stepán Paramónovich:
His young wife standeth not in the doorway to greet him,
On the oaken table no cloth is spread
And the lamp by the holy shrine burns dim.
Then calls he aloud to the old serving-woman:
«How, now, what is this, Yeremyéyevna?
Now tell me whither is gone so late,
So late in the night Alyóna Dmítrevna?
And what of my little children dear?
Without doubt they have gambolled and played their fill,
And weary have laid them early to sleep?»

«Oh master mine, Stepán Paramónovich!
I will tell unto thee a marvellous thing:
To the vespers went Alyóna Dmítrevna;
Now the priest with his young bride hath passed by the door,
Bright shineth the lamp where they sit at meat;
And yet all this while my mistress, thy wife,
Returneth not home from the parish church.
And the little children thou lovest well
Have not gambolled nor played, nor in sleep are laid,
But weep, and weep, and will not be comforted».

Now a bitter thought taketh hold on the heart
Of the brave young merchant Kaláshnikov;
Now standeth he gazing out on the street,
And black night looketh in at the window;
And the white snow, falling, filleth the way,
Hiding the tracks of the feet of men.

Now he heareth the sound of a closing door,
And the footsteps of one that is sore in haste.

А на улице ночь темнехонька;
Валит белый снег, расстилается,
Заметает след человеческий.

Вот он слышит в сенях дверью хлопнули,
Потом слышит шаги торопливые;
Обернулся, глядит — сила крестная!
Перед ним стоит молода жена,
Сама бледная, простоволосая,
Косы русые расплетенные
Снегом-инеем пересыпаны;
Смотрят очи мутные, как безумные;
Уста шепчут речи непонятные.

«Уж ты где, жена, жена, шаталася?
На каком подворье, на площади,
Что растрепаны твои волосы,
Что одёжа вся твоя изорвана?
Уж гуляла ты, пировала ты,
Чай, с сынками всё боярскими?..
Не на то пред святыми иконами
Мы с тобой, жена, обручалися,
Золотыми кольцами менялися!..
Как запру я тебя за железный замок,
За дубовую дверь окованную,
Чтобы свету Божьего ты не видела,
Мое имя честное не порочила...»

И услышав то, Алёна Дмитревна
Задрожала вся, моя голубушка,
Затряслась, как листочек осиновый,
Горько-горько она восплакалась,
В ноги мужу повалилася.

«Государь ты мой, красно солнышко,
Иль убей меня или выслушай!
Твои речи — будто острый нож;
От них сердце разрывается.
Не боюся смерти лютыя,
Не боюся я людской молвы,
А боюсь твоей немилости.

«От вечерни домой шла я нонече
Вдоль по улице одинёшенька.
И послышалось мне, будто снег хрустит;

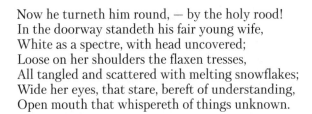

Now he turneth him round, — by the holy rood!
In the doorway standeth his fair young wife,
White as a spectre, with head uncovered;
Loose on her shoulders the flaxen tresses,
All tangled and scattered with melting snowflakes;
Wide her eyes, that stare, bereft of understanding,
Open mouth that whispereth of things unknown.

«My wife, my wife, where hast thou been wandering?
In what house, in what shameful place of the street,
That thy locks are uncovered to all men's eyes,
That thus thy garments are soiléd and torn?
As a harlot thou comest from feasting, I trow,
With the lewd young sons of the proud boyáre.
Not for this, my wife, in God's holy church
Did we kneel for the solemn marriage blessing;
Not for this wert thou wed with my golden ring.
I will shut thee away behind bars and bolts,
Behind iron gratings and oaken doors;
Thou shalt see no more the sweet light of day,
Lest thou bring disgrace on mine honest name!»

And hearing these words, Alyóna Dmítrevna
Fell to trembling and shaking, my golden dove,
Quivered, as quiver the leaves of the aspen;
Bitterly, bitterly weeping she cast her
Prone on the floor, and lay at his feet.

«Bright sun of my life, thou my master and lord,
Either slay me this night or hearken to me!
Keen are thy words as a two-edged knife
That cutteth the core of my heart in twain.
Little fear have I of the torments of death,
Neither fear I the cruel tongues of men,
But I fear, I fear thine anger, my lord.

«Even now I came from the vespers home
In the twilight alone, in the lonely street;
And methought that I heard the snow rustle behind: —
I looked back, — 'twas a man running swift as the wind.
Then I felt my legs beneath me fail,
And I covered my face with my silken veil.
Now he caught my hands with a grasp of might,
And softly he whispered thus in mine ear:
«Fair woman, why tremblest thou? What shouldst thou fear?

Оглянулася — человек бежит.
Мои ноженьки подкосилися,
Шелковой фатой я закрылася.
И он сильно схватил меня за руки,
И сказал мне так тихим шепотом:
«Что пужаешься, красная красавица?
Я не вор какой, душегуб лесной,
Я слуга царя, царя грозного.
Прозываюся Кирибеевичем,
А из славной семьи из Малютиной...»
Испугалась я пуще прежнего;
Закружилась моя бедная головушка.
И он стал меня цаловать-ласкать,
И цалуя все приговаривал:
«Отвечай мне, чего тебе надобно,
Моя милая, драгоценная!
Хочешь золота али жемчугу?
Хочешь ярких камней аль цветной парчи?
Как царицу я наряжу тебя,
Станут все тебе завидовать,
Лишь не дай мне умереть смертью грешною:
Полюби меня, обними меня
Хоть единый раз на прощание!»

«И ласкал он меня, цаловал меня;
На щеках моих и теперь горят,
Живым пламенем разливаются
Поцалуи его окаянные...
А смотрели в калитку соседушки,
Смеючись, на нас пальцем показывали...

«Как из рук его я рванулася
И домой стремглав бежать бросилась,
И остались в руках у разбойника
Мой узорный платок — твой подарочек,
И фата моя бухарская.
Опозорил он, осрамил меня,
Меня честную, непорочную —
И что скажут злые соседушки?
И кому на глаза покажусь теперь?

«Ты не дай меня, свою верную жену,
Злым охульникам в поругание!
На кого, кроме тебя, мне надеяться?
У кого просить стану помощи?
На белом свете я сиротинушка:
Родной батюшка уж в сырой земле,

No brigand am I, no thief of the night;
Nay, I serve the terrible Tzar himself.
For my name, it is Kiribyéyevich,
And I come of the glorious house of Maliúta».

«Oh then did I count me for lost indeed,
And mine ears were filled as with roaring of waters;
And then began he to kiss and embrace me
And, kissing, murmured and murmured again:
«Answer me, tell me what thing thou desirest,
My beloved, my sweetest, my fairest one!
Wouldst thou gold, or pearls from the orient seas?
Wouldst thou flashing jewels, or silver brocade?
As a princess, so will I trick thee out
That all thy neighbours shall envy thee.
Only let me not perish of bitter despite;
Ah, have pity and love me, embrace me but once
Nay only this once, ere I leave thee!»

«And he crushed me against him, and kissed me again;
Even now I can feel them scorching my cheek,
Burning as burneth the fire of hell,
The accursed kisses he planted there.
And the cruel neighbours looked out at their gateways
Laughing, and pointing at us with their fingers.

«When I tore me out of his grip at last
And ran headlong home to escape from him,
In my flight I left in the brigand's hands
My broidered kerchief, thy gift to me,
And my silken veil of Bokhara work.
He hath shamed me, he hath dishonoured me,
Me, a pure woman, undefiled...
And what will the cruel neighbours say?
And before whose eyes dare I show me now?

«Give me not up, thy true and faithful wife,
To evil-doers for a mockery!
In whom but in thee can I put my trust?
Unto whom but thee shall I turn for help?
In all the wide world an orphan am I;
My father lies under the churchyard mould
And beside him sleepeth my mother dear;
And mine elder brother, thou knowest well,
Is long lost to our sight in far-off lands;
And my younger brother is but a child,
But a little child, understanding nought!»

Рядом с ним лежит моя матушка,
А мой старший брат, сам ты ведаешь,
На чужой сторонушке пропал без вести,
А меньшой мой брат — дитя малое,
Дитя малое, неразумное...»

Говорила так Алёна Дмитревна
Горючьми слезами заливалася.

Посылает Степан Парамонович
За двумя меньшими братьями;
И пришли его два брата, поклонилися,
И такое слово ему молвили:
«Ты поведай нам, старшой наш брат,
Что с тобой случилось, приключилося,
Что послал ты за нами во темную ночь,
Во темную ночь морозную?»

«Я скажу вам, братцы любезные,
Что лиха беда со мною приключилася:
Опозорил семью нашу честную
Злой опричник царский Кирибеевич;
А такой обиды не стерпеть душе
Да не вынести сердцу молодецкому.
Уж как завтра будет кулачный бой
На Москве-реке при самом царе,
И я выйду тогда на опричника,
Буду нá смерть биться, до последних сил;
А побьет он меня — выходите вы
За святую правду-матушку.
Не сробейте, братцы любезные!
Вы моложе меня, свежéй силою,
На вас меньше грехов накопилося,
Так авось Господь вас помилует!»

И в ответ ему братья молвили:
«Куда ветер дует в поднéбесьи,
Туда мчатся и тучки послушные,
Когда сизый орел зовет голосом
На кровавую долину побоища,
Зовет пир пировать, мертвецов убирать,
К нему малые орлята слетаются:
Ты наш старший брат, нам второй отец;
Делай сам, как знаешь, как ведаешь,
А уж мы тебя родного не выдадим».

Thus pleaded with him Alyóna Dmítrevna,
Weeping and wailing, lamenting bitterly.
Now Stepán Paramónovich sendeth word
That his two younger brothers should come in haste.
Then came the two brothers, and bowed them low,
And these be the words that they spake unto him:
«Our eldest brother, now tell us, we pray,
What thing may it be, that hath chanced to thee,
That thou sendest for us in the night so dark,
In the night so dark, in the frost and snow?»
«I will tell you true, oh my brothers dear,
That an evil thing hath chanced to me;
That the Tzar's opríchnik, the false Kiribyéyevich,
Hath defiled our honourable house.
And a wrong such as this shall the heart not bear,
Nor the soul of a brave man suffer and live.
Now to-morrow shall be great boxing-match
By the river-side, in the Tzar's own sight,
Then will I go out against the opríchnik.
I will fight to the death, to the uttermost;
Should it chance that he slay me, do you come forth
To defend our holy mother the right.
Have no fear, oh belovéd brothers mine;
You are younger that I, you are strong in your youth,
Fewer sins can have spotted your souls as yet,
So it may be that God shall have mercy on you».

Then answered the brothers and spake unto him:
«Where the wind blows under the heaven's vault,
There the clouds in obedience fulfil his commands.
When the gray eagle calls with a mighty voice
To the banquet of death, to the feast of blood,
To devour the slain on the battle-plain,
The young eaglets come flocking in answer.
Our eldest art thou, in our father's place;
Do thou as thou wilt, as it seemeth thee good,
And we will not forsake thee, our flesh and our blood».

Hey, merry minstrels, sing, but tune each sounding string!
Hey, merry minstrels, drink, let the foaming goblets clink!
Do all honour to the virtuous boyárin,
And his young boyárinya, fair of countenance!

III

Over great Moscow, golden-domed and mighty,
Over the marble Kremlin wall;

*

Ай, ребята, пойте — только гусли стройте!
Ай, ребята, пойте — дело разумейте!
Уж потешьте вы доброго боярина
И боярыню его белолицую!

III

Над Москвой великой, златоглавою,
Над стеной кремлевской белокаменной
Из-за дальних лесов, из-за синих гор,
По тесовым кровелькам играючи,
Тучки серые разгоняючи,
Заря алая подымается;
Разметала кудри золотистые,
Умывается снегами рассыпчатыми,
Как красавица, глядя в зеркальцо,
В небо чистое смотрит, улыбается.
Уж зачем ты, алая заря, просыпалася?
На какой ты радости разыгралася?

Как сходилися, собиралися
Удалые бойцы московские
На Москву-реку, на кулачный бой,
Разгуляться для праздника, потешиться.
И приехал царь со дружиною,
Со боярами и опричниками,
И велел растянуть цепь серебряную,
Чистым золотом в кольцах спаянную.
Оцепили место в 25 сажень,
Для охотницкого бою, одиночного.
Велел тогда царь Иван Васильевич
Клич кликать звонким голосом:
«Ой, уж где вы, добрые молодцы?
Вы потешьте царя нашего батюшку!
Выходите-ка во широкий круг;
Кто побьет кого, того царь наградит,
А кто будет побит, тому Бог простит!»

И выходит удалой Кирибеевич,
Царю в пояс молча кланяется,
Скидает с могучих плеч шубу бархатную,
Подпершися в бок рукою правою,
Поправляет другой шапку алую,
Ожидает он себе противника...
Трижды громкий клич прокликали —
Ни один боец и не тронулся,
Лишь стоят да друг друга поталкивают.

From beyond the far forests, beyond the blue hills;
Along the raftered house-roofs glimmering,
Chasing the pale clouds grayly shimmering,
Behold, ariseth now the fiery dawn.
Her yellow locks are flung across the heavens,
She bathes in scattered snow-flakes glittering;
Even as a maiden gazing on her mirror,
She looketh laughing into God's clear sky.
Thou scarlet sunrise, why hast thou awakened?
For that delight art thou become so fair?

Now are they gathered together all,
All the young gallants of Moscow town,
By the river-side, to the boxing-match,
Proud and glad for the holiday.
And the Tzar himself is come hither in state;
With boyáre he comes, with opríchniki.
And before him stretcheth the silver chain,
And its links are clamped with the good red gold.
For fifty paces the ring is staked
For the single combat, the boxing-match.
And now the Tzar Iván Vasílyevich
Commandeth to shout with a mighty voice:
«Oh where are you all, brave lads and true?
Come show your strength to our father the Tzar;
Come out, come out to the ring so wide!
The Tzar to the conqueror gifts shall give,
And him that is conquered shall God forgive».

Now first cometh forward the bold Kiribyéyevich;
Silent he bows him before the Tzar,
Flings from his shoulders the mantle of samite,
Stands with his right arm proudly akimbo
While his left hand toys with his scarlet cap;
Thus he awaiteth an adversary.
Three times have the heralds shouted aloud,
Yet never a gallant comes out to the combat;
They stand, and whisper, and nudge one another.
To and fro in the ring the opríchnik strideth
Mocking and flouting the craven boxers.
«Aha, they are silent, grown tame on a sudden!
Nay, gallants, take heart! for the holiday's sake
I swear I will leave you your lives to repent in,
I will but make sport for our father the Tzar».

And behold, the crowd parteth to left and to right,
And Stepán Paramónovich cometh to meet him,

На просторе опричник похаживает,
Над плохими бойцами подсмеивает:
«Присмирели, небойсь, призадумались!
Так и быть, обещаюсь, для праздника,
Отпущу живого с покаянием,
Лишь потешу царя нашего батюшку».

Вдруг толпа раздалась в обе стороны —
И выходит Степан Парамонович,
Молодой купец, удалой боец,
По прозванию Калашников...
Поклонился прежде царю грозному,
После белому Кремлю да святым церквам,
А потом всему народу русскому.
Горят очи его соколиные,
На опричника смотрят пристально.
Супротив него он становится,
Боевые рукавицы натягивает,
Могутные плечи распрямливает
Да кудряву бороду поглаживает.

И сказал ему Кирибеевич:
«А поведай мне, добрый молодец,
Ты какого роду, племени,
Каким именем прозываешься?
Чтобы знать, по ком панихиду служить
Чтобы было чем и похвастаться».

Отвечает Степан Парамонович:
«А зовут меня Степаном Калашниковым,
А родился я от честнова отца,
И жил я по закону Господнему:
Не позорил я чужой жены,
Не разбойничал ночью темною,
Не таился от свету небесного...
И промолвил ты правду истинную:
По одном из нас будут панихиду петь,
И не позже, как завтра в час полуденный;
И один из нас будет хвастаться,
С удалыми друзьями пируючи...
Не шутку шутить, не людей смешить
К тебе вышел я теперь, бусурманский сын,
Вышел я на страшный бой, на последний бой!»

И услышав то, Кирибеевич
Побледнел в лице, как осенний снег:
Бойки очи его затуманились,

The young merchant, the fighter, the undismayed,
Called by the name of Kaláshnikov.
First he bows him low to the terrible Tzar,
To the holy churches, the Kremlin white,
And then unto all the people of Russia.
Keen are his eyes as the eyes of a falcon,
Burning they gaze upon the opríchnik;
Over against him he takes up his station,
Draws on the gloves, the stark harness of battle;
Slowly he lifts him and straightens his shoulders,
Smoothing and stroking his curling beard.

Then said unto him Kiribyéyevich:
«Now tell me, now tell me, I pray thee, good youth,
Of what race comest thou, of what family,
By what name art thou called among men?
I would learn, for whose soul shall the death-mass be chanted;
I would learn, of whom shall I boast me».

Thus answered Stepán Paramónovich:
«My name is Stepán Kaláshnikov,
And begotten was I of an honest man,
And have lived all my days by God's holy law.
I have not shamed another's wife,
Nor lain in wait like a thief in the dark,
Nor hid me away from heaven's light.
And verily, verily, sooth hast thou spoken:
For one of us two shall the death-mass be chanted,
And that ere to-morrow's sun be high;
And one of us two shall boast him indeed,
Feasting in triumph among his friends.
Not for a jest, to make sport for the people,
Come I hither this day, thou child of damnation;
I come for the death-fight, the terrible fight».

And hearing these words, Kiribyéyevich
Whitened in face, like to autumn snow;
Shadows of doom flitted over his eyes,
Between the strong shoulders the frost went by
And speech lay dead in his open mouth.

Silently therefore they drew them apart,
And in silence the battle of heroes began.

Then first lifted his arm Kiribyéyevich,
And he struck the merchant Kaláshnikov
Full on the breast with a crashing blow,

Между сильных плеч пробежал мороз,
На раскрытых устах слово замерло...

Вот молча оба расходятся,
Богатырский бой начинается.

Размахнулся тогда Кирибеевич
И ударил впервóй купца Калашникова,
И ударил его посередь груди —
Затрещала грудь молодецкая,
Пошатнулся Степан Парамонович;
На груди его широкой висел медный крест
Со святыми мощами из Киева,
И погнулся крест и вдавился в грудь;
Как роса из-под него кровь закапала;
И подумал Степан Парамонович:
«Чему быть суждено, то и сбудется;
Постою за правду до последнева!»
Изловчился он, приготовился,
Собрался со всею силою
И ударил своего ненавистника
Прямо в левый висок со всего плеча.

И опричник молодой застонал слегка,
Закачался, упал зáмертво;
Повалился он на холодный снег,
На холодный снег, будто сосенка,
Будто сосенка, во сыром бору
Под смолистый под корень подрубленная.
И, увидев то, царь Иван Васильевич
Прогневался гневом, топнул о землю
И нахмурил брови черные;
Повелел он схватить удалова купца
И привесть его пред лицо свое.

Как возгóворил православный царь:
«Отвечай мне по правде, по совести,
Вольной волею или нехотя,
Ты убил насмерть мово верного слугу,
Мово лучшего бойца Кирибеевича?»

«Я скажу тебе, православный царь:
Я убил его вольной волею,
А за что про что — не скажу тебе,
Скажу только Богу единому.
Прикажи меня казнить — и на плаху несть

Such a blow that the breast gave back the sound
And Stepán Paramónovich staggered and reeled.
Now there hung on his breast a brazen cross
With relics of holy martyrs from Kiev;
And the cross was driven deep into the flesh,
That the blood from beneath it dripped like dew.
Then said in his heart Stepán Paramónovich:
«What is fated to be shall surely be.
I will stand for the right to the uttermost».
Then he gathered his strength, and made him steady,
Crouched for a spring and a shoulder-blow;
Aimed at the side of his enemy's head
And struck on the temple, with all his weight.

And the young opr

 opríchnik faintly sighed,
Swaying a little, and dropped where he stood.
Dead he fell on the frozen snow,
On the frozen snow, as a pine-tree falls,
As a pine-tree falls in the forest dank,
When the axe goes through at the root.

And seeing this thing, Tzar Iván Vasílyevich
Stamped his foot on the ground in his wrath
And drew together his fateful brows;
And he uttered command that the merchant straightway
Be seizéd and carried before his face.

Thus began to speak the orthodox Tzar:
«Answer me now on thy conscience, in truth:
Of thine own intent, or against thy will,
Hast thou slain with death my faithful servant,
E'en the best of my braves, Kiribyéyevich?»

«Oh most orthodox Tzar, I will tell thee true:
I slew him of mine own will and intent.
But why, but for what, will I tell thee not;
To my God alone will I tell this thing.
Give thou but command, and right willingly
Will I lay on the block my guilty head;
Yet I pray thee, turn not thy favour away
From mine innocent widow, my little babes,
And my two young brothers, of thy grace».

«Well is it for thee, liege-servant mine,
Bold fighter, thou son of a merchant's house,
That thou answeredst truth and verity.
Thine innocent wife and thine orphan babes

Мне головушку повинную;
Не оставь лишь малых детушек,
Не оставь молодую вдову,
Да двух братьев моих своей милостью...»

«Хорошо тебе, детинушка,
Удалой боец, сын купеческий,
Что ответ держал ты по совести.
Молодую жену и сирот твоих
Из казны моей я пожалую,
Твоим братьям велю от сего же дня
По всему царству русскому широкому
Торговать безданно, беспошлинно.
А ты сам ступай, детинушка,
На высокое место лобное,
Сложи свою буйную головушку.
Я топор велю наточить-навострить,
Палача велю одеть-нарядить,
В большой колокол прикажу звонить,
Чтобы знали все люди московские,
Что и ты не оставлен моей милостью...»

Как на площади народ собирается,
Заунывный гудит-воет колокол,
Разглашает всюду весть недобрую.
По высокому месту лобному,
Во рубахе красной с яркой запонкой,
С большим топором навостреныым,
Руки голые потираючи,
Палач весело похаживает,
Удалова бойца дожидается,
А лихой боец, молодой купец,
Со родными братьями прощается:

«Уж вы, братцы мои, други кровные,
Поцалуемтесь да обнимемтесь
На последнее расставание.
Поклонитесь от меня Алёне Дмитревне,
Закажите ей меньше печалиться,
Про меня моим детушкам не сказывать.
Поклонитесь дому родительскому,
Поклонитесь всем нашим товарищам,
Помолитесь сами в церкви Божией
Вы за душу мою, душу грешную!»

И казнили Степана Калашникова
Смертью лютою, позорною;

Will I feed from my royal treasury;
To thy brothers I grant from this day forth
Powers of trading, free from assessment,
Throughout all the breadth of my kingdom of Russia.
But for thee, go up, liege-servant mine,
To the place of fear, to the high place of doom,
And there lay thou down thy rebellious head.
I command that the axe shall be keen and fair,
And the headsman his garments of honour shall wear,
And the great bell shall toll for the peace of thy soul,
And all the burghers of Moscow shall know
That thou also art not shut out from my favour».

In the square are the people gathered together;
Mournfully boometh and tolleth the bell,
Crying along the tidings of sorrow.
In the place of fear, in the high place of doom,
In a shirt of scarlet, a clasp of jewels,
With the broad axe shining and gleaming fair,
Merrily goeth the headsman about,
Rubbing his hands in the pride of his heart
As he waiteth for him whose hour is come.
And the bold young merchant, the fighter undaunted,
Now sayeth farewell to his brothers twain.

«Oh brothers mine and mine own dear kin,
Come kiss me and let us embrace one another
Ere now I leave you for evermore.
Salute for my sake Alyóna Dmítrevna;
I charge her by you that she shall not grieve
Nor speak of my fate to my little babes.
Salute for my sake our father's house
And all our friends and companions dear;
And pray to the saints in God's holy church
For the peace of my soul, of my sinful soul!»

And thus Stepán Kaláshnikov died
By the death of fear, by the death of shame,
And under the axe his luckless head
Rolled down and fell from the bloodstained block.
And they dug him a grave by the river-side
In the open waste where the three roads meet,
The high-roads of Túla, Riazán and Vladímir;
And they heaped on his body an earthen mound,
And they planted a cross above his head;
And the winds of the wilderness moan and howl
Over the grave that hath never a name.

И головушка бесталанная
Во крови на плаху покатилася.

Схоронили его за Москвой-рекой,
На чистом поле промеж трех дорог:
Промеж тульской, рязанской, владимирской,
И бугор земли сырой тут насыпали,
И кленовый крест тут поставили.
И гуляют, шумят ветры буйные
Над его безымянной могилкою.
И проходят мимо люди добрые:
Пройдет стар человек — перекрестится,
Пройдет молодец — приосанится,
Пройдет девица — пригорюнится,
А пройдут гусляры — споют песенку.

*

Гей вы, ребята удалые,
Гусляры молодые,
Голоса заливные!
Красно начинали — красно и кончайте,
Каждому правдою и честью воздайте.
Тароватому боярину слава!
И красавице-боярыне слава!
И всему народу христианскому слава!

1837

And the folk pass by on their several ways.
If an old man pass, he muttereth a prayer;
If a yound man pass, he pondereth there;
If a maiden pass, she droppeth a tear;
If the minstrels pass, they shall sing this song

Hey, bold singers merry and free!
Dulcimers all in harmony,
Voices of golden minstrelsy!
Meetly end your singing now that meetly hath begun,
Giving honour as is due, unto every one.

Now honour to the virtuous boyárin!
And honour to the fair boyárinya!
And honour to all faithful Christian folk!

Translated by Ethel Lilian Voynich

ТАМБОВСКАЯ КАЗНАЧЕЙША

Играй, да не отыгрывайся.
Пословица

ПОСВЯЩЕНИЕ

Пускай слыву я старовером,
Мне всё равно — я даже рад:
Пишу Онегина размером;
Пою, друзья, на старый лад.
Прошу послушать эту сказку!
Ее нежданную развязку
Одобрите, быть может, вы
Склоненьем легким головы.
Обычай древний наблюдая,
Мы благодетельным вином
Стихи негладкие запьем,
И пробегут они, хромая,
За мирною своей семьей
К реке забвенья на покой.

I

Тамбов на карте генеральной
Кружком означен не всегда;
Он прежде город был опальный,
Теперь же, право, хоть куда.
Там есть три улицы прямые,
И фонари и мостовые,
Там два трактира есть, один
Московский, а другой Берлин.
Там есть еще четыре будки,
При них два будочника есть;
По форме отдают вам честь,
И смена им два раза в сутки;
. . . .
Короче, славный городок.

THE TAMBÓV TREASURER'S WIFE

Gamble, but don't lose your head and shirt.
Proverb

DEDICATION

Let people say that I'm old-fashioned:
I'm not disturbed — I'll even smile;
I use the rhythms of *Onegin*;
I sing, my friends, in the old style.
Please listen to this little story.
Perhaps, when you have thought it over,
You'll nod approval and commend
Its strange and unexpected end.
According to the ancient practice,
We'll drink a fortifying wine
To wash down our uneven lines;
And, limping, they will follow after
Their docile kin, and come to rest
At the River of Forgetfulness.

I

Time was, Tambóv was not distinguished
By a circle on the map: disgrace
Was once in fact its formal standing;
But now, of course, it's quite a place.
It has three straight streets, all with paving —
And streetlamps — and a pair of taverns,
One of them called The Moscow Inn,
The other simply, The Berlin.
Besides, it has four sentry boxes
With two sentries in front of each;
They all salute quite properly
And, twice a day, relieve the watches.
. . . .
In short, a splendid little town.

II

Но скука, скука, Боже правый,
Гостит и там, как над Невой,
Поит вас пресною отравой,
Ласкает черствою рукой.
И там есть чопорные франты,
Неумолимые педанты,
И там нет средства от глупцов
И музыкальных вечеров;
И там есть дамы — просто чудо!
Дианы строгие в чепцах,
С отказом вечным на устах.
При них нельзя подумать худо:
В глазах греховное прочтут
И вас осудят, проклянут.

III

Вдруг оживился круг дворянский;
Губернских дев нельзя узнать;
Пришло известье: полк уланский
В Тамбове будет зимовать.
Уланы, ах! такие хваты...
Полковник, верно, неженатый, —
А уж бригадный генерал,
Конечно, даст блестящий бал.
У матушек сверкнули взоры;
Зато, несносные скупцы,
Неумолимые отцы
Пришли в раздумье: сабли, шпоры
Беда для крашеных полов...
Так волновался весь Тамбов.

IV

И вот однажды утром рано,
В час лучший девственного сна,
Когда сквозь пелену тумана
Едва проглядывает Цна,
Когда лишь куполы собора
Роскошно золотит Аврора,
И, тишины известный враг,
Еще безмолвствовал кабак,
. . . .
. . . .
Уланы справа по-шести
Вступили в город; музыканты,
Дремля на лошадях своих,
Играли марш из *Двух слепых*.

II

But boredom! God! It's just as boring
There, as in Petersburg. They brew
Their drinks out of a tasteless poison;
They lay their calloused hands on you.
The town is full of pompous dandies:
Experts on manners — all pedantic;
And there's no chance to get away
From fools and musical *soirées*.
And you should see the local ladies!
Austere Dianas in mobcaps,
With «No!» forever on their lips.
The surest way to get to Hades
Is to think evil when with them:
They read your thoughts, and you're condemned!

III

One day a tremor shook the nobles
And quite transformed the maidens fair:
A dragoon outfit was reported
En route to spend the winter there.
Dragoons! Ah! Splendid fellows! Very
Likely the colonel isn't married;
And naturally, the general
Will want to give a brilliant ball.
The mothers' eyes gleamed with elation;
Whereas the fathers, who were all
Horrible misers, were appalled
As they reflected: spurs and sabers
Are bad for newly-lacquered floors...
Tambóv was in a small uproar.

IV

And then, one morning just at daybreak
(The hour that's best for virgins' dreams)
When, through the heavy mist that veils it,
The River Tsna is scarcely seen,
When dawn's first rays have richly gilded
The highest domes of the cathedral,
And that notorious foe of peace,
The alehouse, slumbers quietly,
. . . .
. . . .
Dragoons by sixes, on the right,
Entered the town; while the musicians,
Who'd sat their mounts asleep till then,
Struck up the march from *Two Blind Men*.

V

Услыша ласковое ржанье
Желанных вороных коней,
Чье сердце, полное вниманья,
Тут не запрыгало сильней?
Забыта жаркая перина...
«Малашка, дура, Катерина,
Скорее туфли и платок!
Да где Иван? какой мешок!
Два года ставни отворяют...»
Вот ставни настежь. Целый дом
Трет стекла тусклые сукном —
И любопытно пробегают
Глаза опухшие девиц
Ряды суровых, пыльных лиц.

VI

«Ах, посмотри сюда, кузина,
Вот этот!» — «Где? майор?» — «О, нет!
Как он хорош, а конь — картина,
Да жаль, он, кажется, корнет...
Как ловко, смело избочился...
Поверишь ли, он мне приснился...
Я после не могла уснуть...»
И тут девическая грудь
Косынку тихо поднимает —
И разыгравшейся мечтой
Слегка темнится взор живой.
Но полк прошел. За ним мелькает
Толпа мальчишек городских,
Немытых, шумных и босых.

VII

Против гостиницы Московской,
Притона буйных усачей,
Жил некто господин Бобковской,
Губернский старый казначей.
Давно был дом его построен;
Хотя невзрачен, но спокоен;
Меж двух облупленных колонн
Держался кое-как балкон.
На кровле треснувшие доски
Зеленым мохом поросли;
Зато пред окнами цвели
Четыре стриженых березки
Взамен гардин и пышных стор,
Невинной роскоши убор.

V

Who wouldn't feel his heart beat wildly
When first he heard the tender neighs
Of those black horses, whose arrival
Had been devoutly sought for days?
Warm featherbeds are left behind, now.
«*Maláshka!* (Stupid!) Kátya, mind now,
Bring me my slippers and my shawl.
And where is Ivan? What a fool!
Two years to get the shutters open!»
Now, shutters wide, with might and main
All hands wield rags on dirty panes.
And, curiously, with eyes still swollen
From sleep, the girls survey the lines
Of rough-hewn faces, thick with grime.

VI

«Oh! Just look over this way, Cousin!
At that one!» «Where? The major?» «No...
How handsome! And his horse — just stunning!
He's only a lieutenant, though.
Too bad ... But how he rides — so easily!
I dreamed of him, would you believe it?
Then afterwards I couldn't rest...»
And now the maidenly young breast
Swells softly underneath her kerchief;
Remembering her dream, she sighs,
And softness dims her sparkling eyes.
The regiment has passed, now; hurtling
Behind it come the little boys:
Barefooted, dirty, and all noise.

VII

Across the street from the Moskovsky
Inn, where the dragoons had their lair,
There lived a fellow named Bobkovsky,
The old provincial treasurer.
His house, built in the ancient manner,
Was ugly — but then it was tranquil.
Between two peeling colonnades
There drooped a kind of balustrade;
The roof was made of boards, all splintered,
With green moss growing on the wood.
Before the windows, though, there stood
Four flourishing and well-pruned birches:
Instead of curtains and thick blinds,
Adornments of a simpler kind.

VIII

Хозяин был старик угрюмый
С огромной лысой головой.
От юных лет с казенной суммой
Он жил, как с собственной казной.
В пучинах сумрачных расчета
Блуждать была его охота,
И потому он был игрок
(Его единственный порок).
Любил налево и направо
Он в зимний вечер прометнуть,
Четвертый куш перечеркнуть,
Рутёркой понтирнуть со славой,
И талью скверную порой
Запить Цимлянского струей.

IX

Он был врагом трудов полезных,
Трибун тамбовских удальцов,
Гроза всех матушек уездных
И воспитатель их сынков.
Его краплёные колоды
Не раз невинные доходы
С индеек, масла и овса
Вдруг пожирали в полчаса.
Губернский врач, судья, исправник —
Таков его всегдашний круг;
Последний был делец и друг,
И за столом такой забавник,
Что казначейша иногда
Сгорит, бывало, от стыда.

X

Я не поведал вам, читатель,
Что казначей мой был женат.
Благословил его создатель,
Послав ему в супруге клад.
Ее ценил он тысяч во сто,
Хотя держал довольно просто
И не выписывал чепцов
Ей из столичных городов.
Предав ей таинства науки,
Как бросить вздох иль томный взор,
Чтоб легче влюбчивый понтёр
Не разглядел проворной штуки,
Меж тем догадливый старик
С глаз не спускал ее на миг.

VIII

The master was an old man, gloomy,
With a massive head so bald it shone.
From early youth he'd been consuming
The Treasury's money as his own.
He found it pleasurable to roam in
The dark abysses of accounting;
And for this reason he went in
For gambling (it was his one sin).
He dearly loved, on winter evenings,
To deal the cards to right and left,
To cross out his most recent bet,
And boldly stake his total winnings;
Or, when his cards gave him some pain,
To gulp Tsimlyánskaya champagne.

IX

He was the foe of useful labors,
The spokesman of the sporty ones,
The terror of the local matrons,
And the special tutor of their sons.
Time and again, a farmer's proceeds
From turkeys, oats, and other produce
Were gobbled up in one half-hour
By his marked cards. His cronies were
The police inspector, judge, and doctor.
The first dined often at the house
With the treasurer and his young spouse.
His waggish jesting sometimes shocked her
At the dinner table, so that she
Would have to blush most prettily.

X

One thing I see I didn't mention:
Our treasurer lived a married life.
His Maker blessed him when he sent him
A perfect jewel of a wife.
He rated her as something precious,
But never spent much on her dresses,
And never sent for beautiful
New bonnets from the capital.
He taught her secrets of his know-how:
The use of languid looks and sighs
So some enamored player's eyes
Would fail to catch a quick maneuver.
Meantime, the sharp old reprobate
Watched every move his young wife made.

XI

И впрямь Авдотья Николавна
Была прелакомый кусок.
Идет, бывало, гордо, плавно —
Чуть тронет землю башмачок;
В Тамбове не запомнят люди
Такой высокой, полной груди:
Бела, как сахар, так нежна,
Что жилка каждая видна.
Казалося, для нежной страсти
Она родилась. А глаза...
Ну что такое бирюза?
Что небо? Впрочем я отчасти
Поклонник голубых очей
И не гожусь в число судей.

XII

А этот носик! эти губки,
Два свежих розовых листка!
А перламутровые зубки,
А голос сладкий, как мечта!
Она картавя говорила,
Нечисто Р произносила;
Но этот маленький порок
Кто извинить бы в ней не мог?
Любил трепать ее ланиты,
Разнежась, старый казначей.
Как жаль, что не было детей
У них!.....................
....
....

XIII

Для большей ясности романа
Здесь объявить мне вам пора,
Что страстно влюблена в улана
Была одна ее сестра.
Она, как должно, тайну эту
Открыла Дуне по секрету.
Вам не случалось двух сестер
Замужних слышать разговор?
О чем тут, Боже справедливый,
Не судят милые уста!
О, русских нравов простота!
Я, право, человек нелживый —
А из-за ширмов раза два
Такие слышал я слова...

XI

Truly, Avdótya Nikolávna
Was a dainty dish. She moved around
Proudly, and with a flowing motion,
Her slippers scarcely touching ground.
Tambovians could not remember
Another breast so high, so tender
(Its every vein was visible),
So white (like sugar), and so full.
It seemed as if she'd been created
For tender passions. And her eyes?
Like turquoise, or Italian skies.
But I admit I have my favorites
(I worship eyes of azure blue)
So I can't hope to judge for you.

XII

That little nose! Those lips — so pretty!
Like fresh rose petals! Teeth that seemed
To have been fashioned out of pearl shell;
And a voice as sweet as any dream.
She had some trouble (the poor dearie)
With '*r*'s: she couldn't say them clearly.
But who would not forgive, in her,
A tiny blemish like a burr?
Her aged spouse, in tender moments,
Would often give her cheek a pat.
It really was a pity that
They had no children...

. . . .
. . . .

XIII

To clarify my story further,
It's time that I explained to you:
Avdótya's sister had just fallen
Madly in love with a dragoon.
And she (as one should) kept her secret
By telling Dúnya it was secret.
Now, did you ever chance to hear
A talk between two sisters dear,
Both married? O great God in Heaven!
The things those darling lips can say!
O wondrous Russian naïveté!
Believe me, I'm a truthful fellow;
And from behind the folding screens
(Two different times) I heard *such* things. ...

XIV

Итак тамбовская красотка
Ценить умела уж усы
. . . .
. . . .
Что ж? знание ее сгубило!
Один улан, повеса милый
(Я вместе часто с ним бывал),
В трактире номер занимал
Окно в окно с ее уборной.
Он был мужчина в тридцать лет;
Штабротмистр, строен, как корнет;
Взор пылкий, ус довольно черный:
Короче, идеал девиц,
Одно из славных русских лиц.

XV

Он всё отцовское именье
Еще корнетом прокутил;
С тех пор дарами провиденья,
Как птица Божия, он жил.
Он, спать ложась, привык не ведать,
Чем будет завтра пообедать.
Шатаясь по Руси кругом,
То на курьерских, то верхом,
То полупьяным ремонтёром,
То волокитой отпускным,
Привык он к случаям таким,
Что я бы сам почел их вздором,
Когда бы все его слова
Хоть тень имели хвастовства.

XVI

Страстьми земными не смущаем,
Он не терялся никогда.
. . . .
. . . .
Бывало, в деле, под картечью
Всех рассмешит надутой речью,
Гримасой, фарсой площадной,
Иль неподдельной остротой.
Шутя, однажды после спора,
Всадил он другу пулю в лоб;
Шутя и сам он лег бы в гроб,
. . . .
Порой, незлобен как дитя,
Был добр и честен, но шутя.

XIV

So, in this way, the local beauty
Learned to appreciate dragoons.
. . . .
. . . .
What then? Knowledge was what undid her.
A dragoon, something of a kidder
(I'd spent a lot of time with him)
Was staying at the Moscow Inn
In a room whose window faced her window.
He wore a captain's epaulettes.
At thirty, slim as a cadet;
Mustache quite black; eyes that could kindle
Passion, and make a virgin sigh:
In short, a splendid Russian type.

XV

While still an ensign, he had wasted
His father's whole estate; since then,
Like one of God's birds, he'd subsisted
Upon the gifts of Providence.
He often went to bed not knowing
What he might find to eat next morning.
He'd covered Russia, sea to sea:
As courier, in the cavalry,
Sometimes (half-drunk) convoying horses,
Sometimes on leave, philandering:
He had grown used to all these things.
I might have thought that all his stories
Were bluff, if I had ever heard
One trace of bragging in his words.

XVI

Since earthly passions never swayed him,
He never lost his savoir-faire.
. . . .
. . . .
In battle, when grapeshot was rattling,
He could start everybody laughing
With pompous speeches, vulgar skits,
Awful grimaces, and sheer wit.
For sport, once, in an altercation,
He'd shot a good friend in the head;
For sport he'd make a grave his bed,
Or start a minor revolution.
He could be gentle as a child:
A good man, but a little wild.

XVII

Он не был тем, что волокитой
У нас привыкли называть;
Он не ходил тропой избитой,
Свой путь умея пролагать;
Не делал страстных изъяснений,
Не становился на колени;
А несмотря на то, друзья,
Счастливей был, чем вы и я.
. . . .
. . . .
. . . .
Таков-то был штабротмистр Гарин:
По крайней мере мой портрет
Был схож тому назад пять лет.

XVIII

Спешил о редкостях Тамбова
Он у трактирщика узнать.
Узнал немало он смешного —
Интриг секретных шесть иль пять;
Узнал, невесты как богаты,
Где свахи водятся иль сваты;
Но занял более всего
Мысль беспокойную его
Рассказ о молодой соседке.
— Бедняжка! — думает улан:
Такой безжизненный болван
Имеет право в этой клетке
Тебя стеречь — и я, злодей,
Не тронусь участью твоей?

XIX

К окну поспешно он садится,
Надев персидский архалук;
В устах его едва дымится
Узорный бисерный чубук.
На кудри мягкие надета
Ермолка вишневого цвета
С каймой и кистью золотой,
Дар молдаванки молодой.
Сидит и смотрит он прилежно...
Вот, промелькнувши как во мгле,
Обрисовался на стекле
Головки милой профиль нежный;
Вот будто стукнуло окно...
Вот отворяется оно.

XVII

He didn't fit the usual pattern
For what we call a gigolo;
He never took the beaten pathway,
Since he could beat one of his own.
He wasn't one for declarations
Of passion, or for supplications
On bended knee. And yet the sly
Boy had more luck than you or I.
. . . .
. . . .
. . . .
Such was our hero, Captain Garin.
At any rate this portrait shows
What he was like five years ago.

XVIII

He soon learned from the tavernkeeper
The things worth knowing in Tambóv:
A good half-dozen secret intrigues
(Really quite funny); how well off
The debutantes were; and what hangouts
The marriage brokers were now haunting.
But most of all, his troubled thoughts
Were full of what he'd heard about
The treasurer's wife — his fair young neighbor.
«Poor little thing!» thought the dragoon.
«Does that old, doddering buffoon
Have any right to keep you caged there
Under his guard, while I just wait —
A churl, unmoved by your sad fate?»

XIX

He acted fast. Soon he was seated
At the window, in his Persian robe,
While from his fancy pipe, glass-beaded,
Small, dainty wisps of smoke arose.
A skullcap of cerise, with golden
Trimming (for which he was beholden
To a certain young Moldavian girl)
Was perched atop his soft, dark curls.
He sat, and diligently waited.
Then, like a form seen through a mist,
Against the windowpane he glimpsed
The profiled head of his dear neighbor.
He heard a sharp rap from inside
The window; then it was flung wide.

XX

Еще безмолвен город сонный;
На окнах блещет утра свет;
Еще по улице мощеной
Не раздается стук карет...
Что ж казначейшу молодую
Так рано подняло? Какую
Назвать причину поверней?
Уж не бессонница ль у ней?
На ручку опершись головкой,
Она вздыхает, а в руке
Чулок; но дело не в чулке —
Заняться этим нам неловко...
И если правду уж сказать —
Ну кстати ль было б ей вязать!

XXI

Сначала взор ее прелестный
Бродил по синим небесам,
Потом склонился к поднебесной
И вдруг... какой позор и срам!
Напротив, у окна трактира,
Сидит мужчина без мундира.
Скорей, штабротмистр! ваш сертук!
И поделом... окошко стук...
И скрылось милое виденье.
Конечно, добрые друзья,
Такая грустная статья
На вас навеяла б смущенье;
Но я отдам улану честь —
Он молвил: «Что ж? начало есть».

XXII

Два дня окно не отворялось.
Он терпелив. На третий день
На стеклах снова показалась
Ее пленительная тень;
Тихонько рама заскрипела.
Она с чулком к окну подсела.
Но опытный заметил взгляд
Ее заботливый наряд.
Своей удачею довольный,
Он встал и вышел со двора —
И не вернулся до утра.
Потом, хоть было очень больно,
Собрав запас душевных сил,
Три дня к окну не подходил.

XX

The town is still asleep and tranquil;
Windows reflect the morning sun;
There is, as yet, no lively clatter
Of carriage wheels on cobblestones.
What is the treasurer's young wife doing
Up and around so soon this morning?
What can the actual reason be?
Insomnia? Quite possibly.
Her chin cupped in her right hand, pensive,
She sighs. In her left hand she's got
A sock. But we'll ignore the sock:
To dwell on it would be offensive.
Yet, frankly, I would like to know:
For her, is darning apropos?

XXI

At first she fixed her charming eyes on
The vault of heaven; then her gaze
Swept down the skies toward the horizon,
And suddenly — what a disgrace!
Across the street, right in the window,
Sans uniform, a *man* was sitting!
Your frockcoat, captain! Get it — quick!
As he deserved, the window clicked
Shut, and the lovely vision ended.
Of course, dear readers, such a sad
Event might very well just add
To your confusion. But I'll render
A smart salute to our dragoon:
He murmured, «So! Things have begun!»

XXII

For two whole days she didn't open
Her window. He was patient. Then,
The third day, her enchanting profile
Once more appeared against the pane.
The sash squeaked gently. With her mending
In hand, she sat down at the window.
But his experienced eye assessed
How very carefully she was dressed.
So, satisfied with his achievement,
He left his post, and stayed away
Till morning of the following day.
And then, although the pain was grievous,
He used what will he had in store
And stayed away for three days more.

XXIII

Но эта маленькая ссора
Имела участь нежных ссор:
Меж них завелся очень скоро
Немой, но внятный разговор.
Язык любви, язык чудесный,
Одной лишь юности известный,
Кому, кто раз хоть был любим,
Не стал ты языком родным?
В минуту страстного волненья
Кому хоть раз ты не помог
Близ милых уст, у милых ног?
Кого под игом принужденья,
В толпе завистливой и злой,
Не спас ты, чудный и живой?

XXIV

Скажу короче: в две недели
Наш Гарин твердо мог узнать,
Когда она встает с постели,
Пьет с мужем чай, идет гулять.
Отправится ль она к обедне —
Он в церкви верно не последний;
К сырой колонне прислонясь,
Стоит всё время не крестясь.
Лучом краснеющей лампады
Его лицо озарено:
Как мрачно, холодно оно!
А испытующие взгляды
То вдруг померкнут, то блестят —
Проникнуть в грудь ее хотят.

XXV

Давно разрешено сомненье,
Что любопытен нежный пол.
Улан большое впечатленье
На казначейшу произвел
Своею странностью. Конечно,
Не надо было б мысли грешной
Дорогу в сердце пролагать,
Ее бояться и ласкать!
. . . .
. . . .
. . . .
Жизнь без любви такая скверность;
А что, скажите, за предмет
Для страсти муж, который сед?

XXIII

But this first, petty quarrel was fated
To run the course of lovers' quarrels:
The pair had soon elaborated
A language — mute, but meaningful.
Language of love, marvelous language,
One that is known to young hearts only,
To whom, though he be loved but once,
Have you not been a mother tongue?
In moments of tumultuous passion,
Whom have you not helped, once at least,
When close embraced, or at her feet?
Whom, in the fetters of coercion,
Amid the spiteful, vicious throng,
Have you not saved, O wondrous tongue!

XXIV

I'll make it brief: from two weeks' watching,
Our Garin knew by heart just when
She got up, took tea with her husband,
And went out for her walk. And then,
If she was going to morning service,
Garin would be there bright and early.
He'd stand, leaning against the wall,
And never cross himself at all.
The ikon lamps, meanwhile, were casting
A reddish glow upon his face:
How bleak and glowering it was!
But all the while his probing glances
(First bright, then dim, by fits and starts)
Were trying to penetrate her heart.

XXV

The curiosity of women
Is well known, from both life and books:
The dragoon made a great impression
On Dunya, just by his strange looks.
Of course, it wasn't good behavior
To pave the way into her favor
With sinful thoughts — the kind we fear,
And yet (somehow) hold very dear!
. . . .
. . . .
. . . .
Life without love is so revolting!
And how can gray-haired husbands be
Objects of passion? You tell me.

XXVI

Но время шло. «Пора к развязке!» —
Так говорил любовник мой.
«Вздыхают молча только в сказке,
А я не сказочный герой».
Раз входит, кланяясь пренизко,
Лакей. — «Что это?» — «Вот-с записка;
Вам барин кланяться велел-с;
Сам не приехал — много дел-с;
Да приказал вас звать к обеду,
А вечерком потанцевать.
Он сам изволил так сказать».
— «Ступай, скажи, что я приеду». —
И в три часа, надев колет,
Летит штабротмистр на обед.

XXVII

Амфитрион был предводитель —
И в день рождения жены,
Порядка ревностный блюститель,
Созвал губернские чины
И целый полк. Хотя бригадный
Заставил ждать себя изрядно
И после целый день зевал,
Но праздник в том не потерял.
Он был устроен очень мило;
В огромных вазах по столам
Стояли яблоки для дам;
А для мужчин в буфете было
Еще с утра принесено
В больших трех ящиках вино.

XXVIII

Вперед под ручку с генеральшей
Пошел хозяин. Вот за стол
Уселся от мужчин подальше
Прекрасный, но стыдливый пол —
И дружно загремел с балкона,
Средь утешительного звона
Тарелок, ложек и ножей,
Весь хор уланских трубачей:
Обычай древний, но прекрасный;
Он возбуждает аппетит,
Порою кстати заглушит
Меж двух соседей говор страстный —
Но в наше время решено,
Что всё старинное смешно.

XXVI

But time went by. «Come on. Let's hurry!»
Spoke up our much-enamored male.
«This wordless sighing is for stories;
But I'm no hero of a tale».
One day a lackey entered, making
A low, deep bow. «What's this?» «A message.
My master sends respects to you.
He couldn't come himself — he's too
Busy. He says, sir, you're invited
To dine, with dancing afterwards.
Those were the master's very words».
«Well, run along. Say I'm delighted».
And at three sharp, donning his fine
Jacket, the captain went to dine.

XXVII

Amphytrion, dean of the gentry,
Was strict about propriety:
To fête his wife, he had assembled
The top ranks of society
And all the regiment together.
The general made all the others
Wait for him, and then yawned all day;
But the party went well anyway.
It had been set up very nicely:
On tables stood deep vases full
Of apples for the womenfolk;
And for the men, upon sideboard,
Were three large cases of good wine
Which just that morning had arrived.

XXVIII

The host, accompanied by the general's
Lady, went in to dinner. When
The beautiful but modest gender
Were seated (not too near the men),
From the balcony, above the clatter
Of knives and spoons on plates and platters,
The entire section of dragoons'
Trumpets blared forth in unison.
A usage old but advantageous:
It stimulates the appetite,
And may conveniently drown out
Amorous words between two neighbors.
But in the present age we're told
To laugh at everything that's old.

XXIX

Родов, обычаев боярских
Теперь и следу не ищи,
И только на пирах гусарских
Гремят, как прежде, трубачи.
О, скоро ль мне придется снова
Сидеть среди кружка родного
С бокалом влаги золотой
При звуках песни полковой!
И скоро ль ментиков червонных
Приветный блеск увижу я,
В тот серый час, когда заря
На строй гусаров полусонных
И на бивак их у леска
Бросает луч исподтишка!

XXX

С Авдотьей Николавной рядом
Сидел штабротмистр удалой —
Впился в нее упрямым взглядом,
Крутя усы одной рукой.
Он видел, как в ней сердце билось...
И вдруг — не знаю, как случилось —
Ноги ее иль башмачка
Коснулся шпорой он слегка.
Тут началися извиненья,
И завязался разговор;
Два комплимента, нежный взор —
И уж дошло до изъясненья...
Да, да — как честный офицер!
Но казначейша — не пример.

XXXI

Она, в ответ на нежный шепот,
Немой восторг спеша сокрыть,
Невинной дружбы тяжкий опыт
Ему решила предложить —
Таков обычай деревенский!
Помучить — способ самый женский.
Но уж давно известна нам
Любовь друзей и дружба дам!
Какое адское мученье
Сидеть весь вечер tête-à-tête
С красавицей в осьмнадцать лет
. . . .
. . . .
. . . .

XXIX

Today, you won't find any traces
Of the boyards' customs, or their breed;
Only at hussars' celebrations
Do trumpets blare as they once did.
O when will I again be sitting
Among old friends — our goblets brimming
With wine — and hearing, all night long,
The rousing regimental songs?
When will I see the deep red splendor
Of fur-trimmed cloaks, in that gray hour
When on the straight ranks of hussars
(Still half-asleep), and on the tents there
Among the trees, the new dawn casts,
Stealthily, its first gleaming shafts?

XXX

Beside Avdótya Nikolávna
The daring captain took his place.
He twirled his long mustache gallantly,
And fixed her with a stubborn gaze.
He noticed that her pulse had quickened...
And then (I don't know how it happened)
He lightly brushed his spur against
Her foot or slipper. Then commenced
The excuses, and a conversation
Began. One compliment apiece,
A tender glance, and they had reached
The stage of passionate declarations.
Yes, yes — an honorable officer.
But Mrs. Treasurer — what of her?

XXXI

Quickly concealing her mute raptures,
She offered him the irksome trial
(In answer to his tender whispers)
Of friendship pure and undefiled.
Such are the manners of the rustics!
And women love to make us suffer.
But we know all too much of love
Between friends, and the friendship of
The ladies! What a hellish torment
To sit all evening, tête-à-tête
With a pretty girl, not nineteen yet,
. . . .
. . . .
. . . .

XXXII

Вобще я мог в году последнем
В девицах наших городских
Заметить страсть к воздушным бредням
И мистицизму. Бойтесь их!
Такая мудрая супруга,
В часы любовного досуга,
Вам вдруг захочет доказать,
Что 2 и 3 совсем не пять;
Иль, вместо пламенных лобзаний,
Магнетизировать начнет —
И счастлив муж, коли заснет!..
Плоды подобных замечаний
Конечно б мог не ведать мир,
Но польза, польза — мой кумир.

XXXIII

Я бал описывать не стану,
Хоть это был блестящий бал.
Весь вечер моему улану
Амур прилежно помогал.
Увы . . . .
Не веруют амуру ныне;
Забыт любви волшебный царь;
Давно остыл его алтарь!
Но за столичным просвещеньем
Провинциалы не спешат;
. . . .
. . . .
. . . .
. . . .

XXXIV

И сердце Дуни покорилось;
Его сковал могучий взор...
Ей дома целу ночь всё снилось
Бряцанье сабли или шпор.
Поутру, встав часу в девятом,
Садится в шлафоре измятом
Она за вечную канву —
Всё тот же сон и наяву.
По службе занят муж ревнивый,
Она одна — разгул мечтам!
Вдруг дверью стукнули. «Кто там?
Андрюшка! Ах, тюлень ленивый!..»
Вот чей-то шаг — и перед ней
Явился... только не Андрей.

XXXII

In recent years, among the maidens
Of our large cities, I've observed
A passion for ethereal madness
And mysticism. Beware them, sirs!
Just when you've got some time for loving,
These female devotees of learning
Will suddenly want to prove to you
That one plus one can't equal two.
Or else, instead of hot embraces,
They'll give you Mesmerism. A man
Is lucky if he's put in trance.
The fruits of all such observations
Must be kept secret, naturally.
But *my* aim is utility.

XXXIII

I won't describe the ball, dear reader,
Although it was a brilliant one;
But I will say that all that evening
Eros was helping our dragoon.
Alas! . . . .
People no longer worship Eros.
Forgotten is love's fairy prince:
His altar has grown cold long since.
Provincials, though, aren't quick to follow
The city folks' enlightenment.
. . . .
. . . .
. . . .

XXXIV

His powerful gaze had conquered Dúnya,
And fettered that poor heart of hers.
The whole night long she kept on dreaming
Of rattling swords and jangling spurs.
And when, next day, having arisen
At nine, she sat down with her knitting
In a rumpled robe, the selfsame dream
Continued as a revery.
Her jealous spouse was at his office.
She was alone, dreaming like mad.
Suddenly, she heard a knock. «Who's that?
Andryushka? Oh! You lazy ox, you!»
She heard footsteps. And then a face
Appeared ... but it was not Andrei's.

XXXV

Вы отгадаете, конечно,
Кто этот гость нежданный был.
Немного, может быть, поспешно
Любовник смелый поступил;
Но впрочем взявши в рассмотренье
Его минувшее терпенье
И рассудив, легко поймешь,
Зачем рискует молодежь.
Кивнув легонько головою,
Он к Дуне молча подошел
И на лицо ее навел
Взор, отуманенный тоскою;
Потом стал длинный ус крутить,
Вздохнул, и начал говорить:

XXXVI

«Я вижу, вы меня не ждали —
Прочесть легко из ваших глаз;
Ах, вы еще не испытали,
Что в страсти значит день, что час!
Среди сердечного волненья
Нет сил, нет власти, нет терпенья!
Я здесь — на всё решился я...
Тебе я предан... ты моя!
Ни мелочные толки света,
Ничто, ничто не страшно мне;
Презренье светской болтовне —
Иль я умру от пистолета...
О, не пугайся, не дрожи;
Ведь я любим — скажи, скажи!..»

XXXVII

И взор его притворно-скромный,
Склоняясь к ней, то угасал,
То, разгораясь страстью томной,
Огнем сверкающим пылал.
Бледна, в смущенье оставалась
Она пред ним... Ему казалось,
Что чрез минуту для него
Любви наступит торжество...
Как вдруг внезапный и невольный
Стыд овладел ее душой —
И, вспыхнув вся, она рукой
Толкнула прочь его: «Довольно,
Молчите — слышать не хочу!
Оставите ль? я закричу!..»

XXXV

Of course you've already discovered
This sudden guest's identity.
It may be that our bold young lover
Was acting somewhat hastily.
But still, considering his patience
In the past, and then deliberating
I'm sure you'll think it not amiss
That our young man should run this risk.
Bowing his head, he very quickly
Approached Dúnya. Without a word,
He stood and simply stared at her,
His gaze forlorn, bedimmed, and sickly.
At last he twisted his long, sleek
Mustache, sighed, and began to speak.

XXXVI

«You weren't expecting me — I see it
In your two eyes. Ah! You don't know
How much one hour, even one minute,
Can mean to one in passion's throes!
A heart beset by agitation
Leaves one no strength, control, or patience.
I'm here. I'll go to all extremes.
I'm yours; you're mine. The petty, mean
Things people say will never scare me,
And nothing else will. I defy
Society's gossip. Either I
Will go and shoot myself (I swear it!) —
Oh! Don't be frightened. Please don't shake!
Tell me you love me. Speak! Oh, speak!»

XXXVII

He stood and looked down at her, feigning
Humility. His gaze burned low
At first; then, kindled by his flaming
Passion, it took a red-hot glow.
All pale and quite confused, poor Dúnya
Sat still. It seemed to him that soon, now,
The sweet fruits of love's victory
Would be his own... but suddenly
An unexpected and unwitting
Shyness engulfed her soul. She blushed
All over, and with one hand thrust
Him off. «Enough! I will not listen
To any more! If you don't leave
Right now — I'm telling you — I'll scream!»

XXXVIII

Он смотрит: это не притворство,
Не штуки — как ни говори —
А просто женское упорство,
Капризы — черт их побери!
И вот — о, верх всех унижений!
Штабротмистр преклонил колени
И молит жалобно; как вдруг
Дверь настежь — и в дверях супруг.
Красотка: «ах!» Они взглянули
Друг другу сумрачно в глаза;
Но молча разнеслась гроза,
И Гарин вышел. Дома пули
И пистолеты снарядил,
Присел — и трубку закурил.

XXXIX

И через час ему приносит
Записку грязную лакей.
Что это? чудо! Нынче просит
К себе на вистик казначей,
Он именинник — будут гости...
От удивления и злости
Чуть не задохся наш герой.
Уж не обман ли тут какой?
Весь день проводит он в волненье.
Настал и вечер наконец.
Глядит в окно: каков хитрец —
Дом полон, что за освещенье!
А всё засунуть — или нет? —
В карман на случай пистолет.

XL

Он входит в дом. Его встречает
Она сама, потупя взор.
Вздох полновесный прерывает
Едва начатый разговор.
О сцене утренней ни слова.
Они друг другу чужды снова.
Он о погоде говорит;
Она «да-с, нет-с» и замолчит.
Измучен тайною досадой,
Идет он дальше в кабинет...
Но здесь спешить нам нужды нет,
Притом спешить нигде не надо.
Итак позвольте отдохнуть,
А там докончим как-нибудь.

XXXVIII

He studied her: she meant it — really.
Look at it any way you please,
This was plain, ordinary female
Obstinacy. Damn such caprice!
And then — Oh, height of degradation! —
He had recourse to supplication
On bended knee. But as he did,
The door was opened, and there stood
Her husband. «Oh!» The two men traded
Fierce glances. But the dark storm clouds
Were dissipated without words,
And Garin left. At home he readied
Pistol and bullets for the duel,
Then sat and smoked his pipe, quite cool.

XXXIX

Within the hour, a servant brought him
A greasy note. *What?* Saints above!
An invitation from Bobkovsky
To a whist party in honor of
His name day. Others are expected...
So thunderstruck, so apoplectic,
Was Garin, that he nearly choked.
Could this be some kind of a joke?
All day our hero was excited.
At last it grew dark. He looked out
The window. What a rogue! The house
Was full of guests, and brightly lighted.
The question was: Should he replace
Pistol in pocket, just in case?

XL

Arriving, he came face to face with
Dúnya herself, with downcast eyes.
Their scarcely started conversation
Was cut short by a heavy sigh.
They both ignored the scene that morning,
And talked like strangers. To his boring
Remarks about the weather, she
Said only, «Uhmm», or «Yes, I see».
Secretly burning with frustration,
He went into the master's den.
But *we* don't have to rush on in.
Besides, one never should be hasty.
And so, let's take a breather now;
And then we'll finish up somehow.

XLI

Я жить спешил в былые годы,
Искал волнений и тревог,
Законы мудрые природы
Я безрассудно пренебрег.
Что ж вышло? Право смех и жалость!
Сковала душу мне усталость,
А сожаленье день и ночь
Твердит о прошлом. Чем помочь!
Назад не возвратят усилья.
Так в клетке молодой орел,
Глядя на горы и на дол,
Напрасно не подъемлет крылья —
Кровавой пищи не клюет,
Сидит, молчит и смерти ждет.

XLII

Ужель исчез ты, возраст милый,
Когда всё сердцу говорит,
И бьется сердце с дивной силой,
И мысль восторгами кипит?
Не всё ж томиться бесполезно
Орлу за клеткою железной:
Он свой воздушный прежний путь
Еще найдет когда-нибудь,
Туда, где снегом и туманом
Одеты темные скалы,
Где гнезда вьют одни орлы,
Где тучи бродят караваном!
Там можно крылья развернуть
На вольный и роскошный путь!

XLIII

Но есть всему конец на свете,
И даже выспренним мечтам.
Ну, к делу. Гарин в кабинете.
О чудеса! Хозяин сам
Его встречает с восхищеньем,
Сажает, потчует вареньем,
Несет шампанского стакан.
«Иуда!» — мыслит мой улан.
Толпа гостей теснилась шумно
Вокруг зеленого стола;
Игра уж дельная была,
И банк притом благоразумный.
Его держал сам казначей
Для облегчения друзей.

XLI

Time was, I courted thrills, excitement:
To live intensely was my aim.
With foolish carelessness I slighted
Nature's wise laws. What ever came
Of it? It was absurd, pathetic!
Weariness had my soul in fetters.
I kept on brooding, night and day,
Over the past. To what avail?
The past can never be recovered.
The eagle, eying from his cage,
Mountains and valleys, does not raise
His wings in vain. Without once touching
His blood-soaked food, he sits in calm
Silence, and waits for death to come.

XLII

Then are you gone, O years I treasured,
When everything spoke to the heart,
Which beat in wondrous, powerful measure —
When rapture filled my every thought?
Not always will the eagle languish
Hopelessly, in his cage of iron.
He'll find again that lofty way
He traveled in his younger days,
Where mountain peaks, immense and somber,
Are clad in silvery snow and mist;
Where only eagles dare to nest;
Where caravans of white clouds wander.
There, in that free and sumptuous sky,
He'll spread his wings again, and fly!

XLIII

But all things must end sometime, even
Those high-flown fancies we love most.
So, back to work. Garin has entered
The den. Lo and behold! The host
Welcomes our hero warmly, seats him,
Serves up champagne and, meanwhile, treats him
To jams and jellies. The dragoon
Thinks to himself, «A Judas!» Soon
A crowd of guests is huddled closely
Around a table, chattering:
The game of whist is in full swing.
The treasurer himself is holding
The stakes — for he's a thoughtful man,
Obliging others when he can.

XLIV

И так как господин Бобковский
Великим делом занят сам,
То здесь блестящий круг тамбовский
Позвольте мне представить вам.
Во-первых, господин советник,
Блюститель нравов, мирный сплетник,
. . . .
. . . .
А вот уездный предводитель,
Весь спрятан в галстук, фрак до пят,
Дискант, усы и мутный взгляд.
А вот, спокойствия рачитель,
Сидит и сам исправник — но
Об нем уж я сказал давно.

XLV

Вот, в полуфрачке, раздушенный,
Времен новейших Митрофан,
Нетесаный, недоученый,
А уж безнравственный болван.
Доверье полное имея
К игре и знанью казначея,
Он понтирует, как велят, —
И этой чести очень рад.
Еще тут были... но довольно,
Читатель милый, будет с вас.
И так несвязный мой рассказ,
Перу покорствуя невольно
И своенравию чернил,
Бог знает чем я испестрил.

XLVI

Пошла игра. Один, бледнея,
Рвал карты, вскрикивал; другой,
Поверить проигрыш не смея,
Сидел с поникшей головой.
Иные, при удачной талье,
Стаканы шумно наливали
И чокались. Но банкомет
Был нем и мрачен. Хладный пот
По гладкой лысине струился.
Он все проигрывал дотла.
В ушах его *дана, взяла*
Так и звучали. Он взбесился —
И проиграл свой старый дом,
И всё, что в нем или при нем.

XLIV

Now, since the host himself is busy
With great affairs, it's up to me
To introduce this small but brilliant
Set of Tambóv society.
First comes the counselor: defender
Of morals, and a hound for slander

. . . .
. . . .
Next comes the district social leader:
Long tail coat, chin hid by his tie,
Shrill voice, mustache, and vacant eye.
The police inspector, jealous keeper
Of order, was there too. But then
You heard about him way back when.

XLV

And next, in half-tails, drenched in perfume,
Slovenly and illiterate,
The modern Mitrofan in person:
A big, immoral idiot.
He had complete faith in the wisdom
Of the treasurer, who would advise him
On placing bets. He thought it quite
An honor, and he bet just right.
The others present... but that's plenty.
Dear reader, you have had enough.
Besides, my story's all mixed up.
Against my will, my pen has led me
Into capricious scribbling:
I've said God knows what kind of thing.

XLVI

The game went on. One guest abruptly
Went pale, tore up his cards, and howled.
Another, stunned by his bankruptcy,
Just sat there with his sad head bowed.
Others, whose cards had turned out lucky,
Refilled their glasses with much chuckling,
And clinked them. But the treasurer sat
In gloomy silence. Beads of sweat
Formed on his shiny pate. He'd wagered
His every kopeck. His poor ears
Were ringing with such words as, «Here's
Ten more». «You're called». Then he went crazy:
He bet and lost his ancient house
Plus fixtures, both inside and out.

XLVII

Он проиграл коляску, дрожки,
Трех лошадей, два хомута,
Всю мебель, женины сережки,
Короче — всё, всё дочиста.
Отчаянья и злости полный,
Сидел он бледный и безмолвный.
Уж было заполночь. Треща,
Одна погасла уж свеча.
Свет утра синевато-бледный
Вдоль по туманным небесам
Скользил. Уж многим игрокам
Сон прогулять казалось вредно,
Как вдруг, очнувшись, казначей
Вниманья просит у гостей.

XLVIII

И просит важно позволенья
Лишь талью прометнуть одну,
Но с тем, чтоб отыграть именье,
Иль «проиграть уж и жену».
О страх! о ужас! о злодейство!
И как доныне казначейство
Еще терпеть его могло!
Всех будто варом обожгло.
Улан один прехладнокровно
К нему подходит. «Очень рад, —
Он говорит, — пускай шумят,
Мы дело кончим полюбовно,
Но только чур не плутовать —
Иначе вам не сдобровать!»

XLIX

Теперь кружок понтёров праздных
Вообразить прошу я вас,
Цвета их лиц разнообразных,
Блистанье их очков и глаз,
Потом усастого героя,
Который понтирует стоя;
Против него меж двух свечей
Огромный лоб, седых кудрей
Покрытый редкими клочками,
Улыбкой вытянутый рот
И две руки с колодой — вот
И вся картина перед вами,
Когда прибавим вдалеке
Жену на креслах в уголке.

XLVII

He lost a droshky and a carriage,
Three horses, two horse-collars, all
His furniture, and Dúnya's earrings.
In short, he was cleaned out. Appalled,
Utterly desperate, and wrathful,
He sat in silence. It was after
Midnight. The candle's flickering flame
Was burning low. Outside, the gray
First light of dawn was faintly streaking
The cloudy sky. Most of the guests
Bethought themselves of needed rest.
But suddenly Bobkovsky, leaping
Erect, requested that they stay
And hear something he had to say.

XLVIII

Gravely, he begged their kind permission
To deal one hand. He'd make one try,
And either win back his possessions,
Or else — «The winner takes my wife!»
Frightful! O horrors! O rank evil!
How had the Treasury been able
To keep this man? The guests all seemed
To have been scalded with live steam.
All but the dragoon kept their places.
He rose, and said with perfect poise:
«A pleasure. Let them make their noise.
We'll play this on a friendly basis.
Just one thing: watch the tricky stuff,
Or else you'll find the going rough!»

XLIX

Imagine, now, this group of players
As they looked then: just visualize
The shades of color in their faces,
Their gleaming spectacles and eyes.
First, our mustachioed young lover,
Who plays erect. Then, on the other
Side of the table, framed by two
Candles, a huge head with a few
Gray tufts of hair, quite sparsely scattered;
A mouth straining to smile; a pair
Of hands holding the cards — and there
You'd have the whole scene, if we added
An armchair, just off to one side,
And in it, Bobkovsky's young bride.

L

Что в ней тогда происходило —
Я не берусь вам объяснить;
Ее лицо изобразило
Так много мук, что, может быть,
Когда бы вы их разгадали,
Вы поневоле б зарыдали.
Но пусть участия слеза
Не отуманит вам глаза:
Смешно участье в человеке,
Который жил и знает свет.
Рассказы вымышленных бед
В чувствительном прошедшем веке
Немало проливали слёз...
Кто ж в этом выиграл — вопрос?

LI

Недолго битва продолжалась;
Улан отчаянно играл;
Над стариком судьба смеялась —
И жребий выпал... час настал...
Тогда Авдотья Николавна,
Встав с кресел, медленно и плавно
К столу в молчанье подошла —
Но только цвет ее чела
Был страшно бледен. Обомлела
Толпа. Все ждут чего-нибудь —
Упреков, жалоб, слез... Ничуть!
Она на мужа посмотрела
И бросила ему в лицо
Свое венчальное кольцо —

LII

И в обморок. Ее в охапку
Схватив — с добычей дорогой,
Забыв расчеты, саблю, шапку,
Улан отправился домой.
Поутру вестию забавной
Смущен был город благонравный.
Неделю целую спустя,
Кто очень важно, кто шутя,
Об этом все распространялись.
Старик защитников нашел.
Улана проклял милый пол —
За что, мы, право, не дознались.
Не зависть ли? Но нет, нет, нет!
Ух! я не выношу клевет.

L

I dare not tell you at this moment
What feelings stirred inside of her.
Her face expressed so many torments
That, if you knew just what they were,
You might give in to your own feelings
And break out in a fit of weeping.
But may your eyes never be dimmed
By tears of pity. For to him
Who knows life and the world, compassion
Is foolish. The last century
Was sentimental: tales of griefs
And woes that were the purest fictions,
Brought floods of tears. The question is:
Who profited from all of this?

LI

The battle was a fairly short one:
Garin played boldly, and with luck.
As for the old man, fickle Fortune
Just laughed. He lost. His hour had struck.
Avdótya Nikolávna, rising,
Approached the group of men in silence
With gliding step, unhurriedly.
Her forehead, though, was frightfully
Pallid. The stunned guests were predicting
The worst. What would they hear from her?
Complaints? Reproaches? Sobs? No, sir!
She just took off her ring and, fixing
Her husband with a steady gaze,
She flung is straight into his face.

LII

And then she swooned. But Garin grabbed her;
And, leaving everything — his fur
Shako, saber, and scores unadded —
He headed straight for home with her.
Next day, the news caused consternation
Among that moral population.
All week they talked of the affair:
Some jokingly, some with an air
Of gravity. While men defended
The part played by the old buffoon,
The fair sex damned our nice dragoon.
Why, I don't know. Could they have envied
Dúnya perhaps? Oh, no, no, no!
I'm not a slanderer, you know.

LIII

И вот конец печальной были
Иль сказки — выражусь прямей.
Признайтесь, вы меня бранили?
Вы ждали действия? страстей?
Повсюду нынче ищут драмы,
Все просят крови — даже дамы.
А я, как робкий ученик,
Остановился в лучший миг;
Простым нервическим припадком
Неловко сцену заключил,
Соперников не помирил
И не поссорил их порядком...
Что ж делать! Вот вам мой рассказ,
Друзья; покамест будет с вас.

1838 (?)

LIII

And that's the end of my sad story —
Which, strictly speaking, isn't true.
Now tell me: Did you find it boring?
Did you want passions — action, too?
Today, they're all looking for dramas:
They all want blood — even the mammas.
But like a timid boy, I stopped
Short, just when things were getting hot.
I clumsily brought down the curtain
With just a simple nervous faint.
I didn't have the rivals fight
And then make up, as is the custom.
Too bad. My story's at an end.
That's all you're going to get, my friends.

Translated by Guy Daniels

БЕГЛЕЦ
(Горская легенда)

Гарун бежал быстрее лани,
Быстрей, чем заяц от орла;
Бежал он в страхе с поля брани,
Где кровь черкесская текла;
Отец и два родные брата
За честь и вольность там легли,
И под пятой у сопостата
Лежат их головы в пыли.
Их кровь течет и просит мщенья,
Гарун забыл свой долг и стыд;
Он растерял в пылу сраженья
Винтовку, шашку — и бежит!

И скрылся день; клубясь, туманы
Одели темные поляны
Широкой белой пеленой;
Пахнуло холодом с востока,
И над пустынею пророка
Встал тихо месяц золотой!..

Усталый, жаждою томимый,
С лица стирая кровь и пот,
Гарун меж скал аул родимый
При лунном свете узнает;
Подкрался он, никем не зримый...
Кругом молчанье и покой,
С кровавой битвы невредимый
Лишь он один пришел домой.

И к сакле он спешит знакомой,
Там блещет свет, хозяин дома;
Скрепясь душой, как только мог,
Гарун ступил через порог;
Селима звал он прежде другом,
Селим пришельца не узнал;
На ложе, мучимый недугом, —

THE FUGITIVE

A Legend of the Caucasus

Haroun ran swifter than the deer
Or hare before the eagle's flight,
When, mastered by his craven fear,
He quit his comrades in the fight.
His sire and brothers on the field,
For right and independence dying,
Their honor with their death had sealed,
Their noble blood for vengeance crying.
Haroun, to shame and duty dead,
Flung gun and sword in haste aside
Upon the battlefield, and fled.

The daylight waned; the rolling tide
Of evening mist on every hand
Shrouded the plain and mountainside;
The breeze from out the East blew cold,
And high above the Prophet's land
The peaceful moon was burnished gold.

All weary and athirst, his face
Begrimed by blood and reeking sweat,
Haroun beheld in moonlight, set
Among the crags, his native place.
He came by stealth; the village lane,
Deserted, lay in stillness bathed
When from the bloody field, unscathed,
Haroun came creeping home again.

He stopped before a cabin door
And entered, ready for the meeting
With news about the hapless war.
He hailed the elder with a greeting.
Selim scarce recognized his guest;
Selim lay ill with dark unrest
And knew that he was dying slowly.
«Allah is great! His angels holy

Один, — он, молча, — умирал...
«Велик Аллах! от злой отравы
Он светлым ангелам своим
Велел беречь тебя для славы!»
«Что нового?» — спросил Селим,
Подняв слабеющие вежды,
И взор блеснул огнем надежды!..
И он привстал, и кровь бойца
Вновь разыгралась в час конца.
«Два дня мы билися в теснине;
Отец мой пал, и братья с ним;
И скрылся я один в пустыне,
Как зверь, преследуем, гоним,
С окровавлёнными ногами
От острых камней и кустов,
Я шел безвестными тропами
По следу вепрей и волков;
Черкесы гибнут — враг повсюду...
Прими меня, мой старый друг;
И вот пророк! твоих услуг
Я до могилы не забуду!..»
И умирающий в ответ:
«Ступай — достоин ты презренья.
Ни крова, ни благословенья
Здесь у меня для труса нет!..»

Стыда и тайной муки полный,
Без гнева вытерпев упрек,
Ступил опять Гарун безмолвный
За неприветливый порог.

И, саклю новую минуя,
На миг остановился он,
И прежних дней летучий сон
Вдруг обдал жаром поцелуя
Его холодное чело;
И стало сладко и светло
Его душе; во мраке ночи,
Казалось, пламенные очи
Блеснули ласково пред ним;
И он подумал: я любим;
Она лишь мной живет и дышит...
И хочет он взойти — и слышит,
И слышит песню старины...
И стал Гарун бледней луны:

Preserve your fame, your life from harm».
«What news?» Selim with labored breath
Implored, his dimming eyes ablaze
With hope, his heart with war's alarm
Fast beating in the hour of death.
«We held the Pass for two long days.
My father fell; my brothers died.
A hunted beast, I crept to hide
Within the wilderness alone;
I dragged my bleeding feet in sand
Through fields of briar and of stone,
The tracks of wolves and boars my guide.
Circassia's crushed, our ancient land! —
Shelter me! By the Prophet, friend,
I'll be your slave unto my death!»
«Begone!» the dying cried in wrath,
«No shelter here for you, or bread!
My curse upon a coward's head!»
With secret shame before his own,
Haroun in silence left, — alone
Again outside old Selim's door.
He paused a moment once while passing
A new-made hut: A cream of yore
Rose in his memory, caressing
His throbbing temples with a kiss,
And soon his heart grew light with bliss.
He felt within the gloom of night
Soft glowing eyes of tender light,
And mused: She waits alone for me!
He stood, he listened yearningly,
He heard a song of old... Haroun
Grew paler than the pallid moon:

> In the sky the moon
> Goes forth in light;
> A brave lad will soon
> Go forth to fight.
> For a lad unafraid,
> The song of a maid:
> My dearest, be brave
> And fear no alarm,
> Your prayer will save
> And keep you from harm.
> Be true to your name!
> Who fears to give

Месяц плывет
Тих и спокоен,
А юноша воин
На битву идет.
Ружье заряжает джигит,
А дева ему говорит:
Мой милый, смелее
Вверяйся ты року,
Молися востоку,
Будь верен пророку,
Будь славе вернее.
Своим изменивший
Изменой кровавой,
Врага не сразивши,
Погибнет без славы,
Дожди его ран не обмоют,
И звери костей не зароют.
Месяц плывет
И тих и спокоен,
А юноша воин
На битву идет.

Главой поникнув, с быстротою
Гарун свой продолжает путь,
И крупная слеза порою
С ресницы падает на грудь...

Но вот от бури наклоненный
Пред ним родной белеет дом;
Надеждой снова ободренный,
Гарун стучится под окном.
Там, верно, теплые молитвы
Восходят к небу за него;
Старуха-мать ждет сына с битвы,
Но ждет его не одного!..

«Мать — отвори! я странник бедный,
Я твой Гарун, твой младший сын;
Сквозь пули русские безвредно
Пришел к тебе!»
    — «Один?»
        — «Один!»
— «А где отец и братья?» —
    — «Пали!
Пророк их смерть благословил,
И ангелы их души взяли».
— «Ты отомстил?»

His life unto fame,
A coward will live:
For a coward
No stone or grave!
For a coward
The death of a slave!
In the sky the moon
Goes forth in light;
A brave lad will soon
Go forth to fight!

Haroun pursued in shame his way;
With lowered head and burning tears
He wept in anguish and dismay.
Then suddenly he saw gleam white
The cottage of his childhood years
Leaning against the storms of night,
And, comforted by hope again,
He knocked upon the window-pane.
He mused that in the hut another
Remained awake for him alone;
There deep in prayer his aged mother
Waited, he thought, to meet her own.
«Open, mother! I'm faint and worn!
It is I, Haroun, your youngest born,
Home unharmed from the Russian fire!»
«Alone?» «Alone». «And where your sire?
Your brothers?» «Slain. The Prophet give
Them peace, their souls in Paradise».
«Did you avenge them?» «As I live,
I hastened as the arrow flies;
I left my sword in a foreign land,
To come to you to dry your eyes».
«Silence, giaour! With sword in hand
You feared upon the field to die!
Away, and live with shame, apart,
O slave, deserter, in my heart
No son of mine!» A mother's cry,
Thus fell her stern denunciation,
And through the sleeping village long
Rang in the night their cries of wrong,
Sighs, curses, words of lamentation.
At last his dagger-stroke descended;
Haroun his life of shame had ended.
His mother saw him where he died,
At dawn, and coldly turned aside...
Haroun lay in his death unfriended,

— «Не отомстил...
Но я стрелой пустился в горы,
Оставил меч в чужом краю,
Чтобы твои утешить взоры
И утереть слезу твою...»
«Молчи, молчи! гяур лукавый,
Ты умереть не мог со славой,
Так удались, живи один.
Твоим стыдом, беглец свободы,
Не омрачу я стары годы,
Ты раб и трус — и мне не сын!..»
Умолкло слово отверженья,
И всё кругом объято сном.
Проклятья, стоны и моленья
Звучали долго под окном;
И наконец удар кинжала
Пресек несчастного позор...
И мать поутру увидала...
И хладно отвернула взор.
И труп, от праведных изгнанный,
Никто к кладбищу не отнес,
И кровь с его глубокой раны
Лизал рыча домашний пес;
Ребята малые ругались
Над хладным телом мертвеца,
В преданьях вольности остались
Позор и гибель беглеца.
Душа его от глаз пророка
Со страхом удалилась прочь;
И тень его в горах востока
Поныне бродит в темну ночь,
И под окном поутру рано
Он в сакли просится стуча,
Но внемля громкий стих Корана,
Бежит опять, под сень тумана,
Как прежде бегал от меча.

1837—1838

Denied the hallowed burial ground.
Thus every straying village hound
Might lap his blood, and boys at play
Might pause to scorn him where he lay,
And long tradition might recall
A coward's shame, a coward's fall...
His homeless soul, in fear and doom,
Departed from the Prophet's eyes.
When light upon the mountain dies,
He wanders, homeless, in the gloom.
He knocks on a cottage door again,
He raps upon a window-pane;
But if he hears the Koran read
In faith, he flees in mist again
As once in craven fear he fled.

Translated by Eugene M. Kayden

ДЕМОН

Восточная повесть

ЧАСТЬ I

I

Печальный Демон, дух изгнанья,
Летал над грешною землей,
И лучших дней воспоминанья
Пред ним теснилися толпой;
Тех дней, когда в жилище света
Блистал он, чистый херувим,
Когда бегущая комета
Улыбкой ласковой привета
Любила поменяться с ним,
Когда сквозь вечные туманы,
Познанья жадный, он следил
Кочующие караваны
В пространстве брошенных светил;
Когда он верил и любил,
Счастливый первенец творенья!
Не знал ни злобы, ни сомненья,
И не грозил уму его
Веков бесплодных ряд унылый...
И много, много... и всего
Припомнить не имел он силы!

II

      Давно отверженный блуждал
В пустыне мира без приюта:
Вослед за веком век бежал,
Как за минутою минута,
Однообразной чередой.
Ничтожной властвуя землей,
Он сеял зло без наслажденья.
Нигде искусству своему
Он не встречал сопротивленья —
И зло наскучило ему.

THE DEMON
An Eastern Tale

PART ONE

1

The exiled Demon winged his way
Above the earth of sin and crime,
And memories of days sublime
Rose in his mind in bright array
When in the realms of light and day
He shone amidst God's seraphim;
When comets in their courses fleeting
Were happy to exchange a greeting
And smile with tenderness on him;
When still he thirsted to achieve
Eternal knowledge and to trace
The caravans of stars in space;
When still he loved and could believe,
The happy first-born of Creation!
His mind untroubled by negation,
By fear or hate, or by the pain
Of barren, dreary centuries...
But now these ancient memories
Of life were wearisome and vain.

2

He'd wandered long in banishment,
One homeless, one without an aim,
While ages after ages went
Like minutes endlessly the same,
Like endless eddies on a stream.
The earth was his: with rule supreme
He scattered joylessly the seeds
Of evil midst mankind, nor met
Resistance to the snares he set.
At last he wearied of his deeds.

III

И над вершинами Кавказа
Изгнанник рая пролетал:
Под ним Казбек, как грань алмаза,
Снегами вечными сиял,
И, глубоко внизу чернея,
Как трещина, жилище змея,
Вился излучистый Дарьял,
И Терек, прыгая, как львица
С косматой гривой на хребте,
Ревел, — и горный зверь, и птица,
Кружась в лазурной высоте,
Глаголу вод его внимали;
И золотые облака
Из южных стран, издалека
Его на север провожали;
И скалы тесною толпой,
Таинственной дремоты полны,
Над ним склонялись головой,
Следя мелькающие волны;
И башни замков на скалах
Смотрели грозно сквозь туманы —
У врат Кавказа на часах
Сторожевые великаны!
И дик, и чуден был вокруг
Весь Божий мир; но гордый дух
Презрительным окинул оком
Творенье Бога своего,
И на челе его высоком
Не отразилось ничего.

IV

И перед ним иной картины
Красы живые расцвели:
Роскошной Грузии долины
Ковром раскинулись вдали;
Счастливый, пышный край земли!
Столпообразные раины,
Звонко-бегущие ручьи
По дну из камней разноцветных,
И кущи роз, где соловьи
Поют красавиц, безответных
На сладкий голос их любви;
Чинар развесистые сени,
Густым венчанные плющом,
Пещеры, где палящим днем
Таятся робкие олени;

3

The exiled Demon in his flight
Beheld the Caucasus below:
Kazbék with peaks of diamond light
Aglow in their eternal snow
And, lower, like a trail of night,
Like a writhing serpent darkly coiling,
The chasm Daryál; there Térek, boiling,
In fury like a lion roaring
Leaps thundering with bristling mane.
There beasts of prey and eagles soaring
Aloft within their azure plain,
Heed his reverberating roar.
There argosies of golden clouds
From southern lands in ranging crowds
Attend him to the Caspian shore.
There sullen cliffs in thronging masses
Enfolding a mysterious dream
Watch frowningly above the stream
The gleaming waters in the passes.
There, menacing among the mists,
Upon a cliff, a granite tower,
Like a giant watcher stern with power,
Stands guard against antagonists...
All wild and wondrous lay about
The world God made. In desolation
He gazed with a disdainful glance,
And the universe of God's creation
He hated; weariness and doubt
Remained within his countenance.

4

Before him then another scene
Spread far of beauty fair and tender:
The Gruzian vales lay robed in green
Like carpets rich in woven splendor.
O fair, O blessed spot on earth
Where glancing rills with rippling mirth
O'er pebbled floors and stones that glisten
Run swiftly on; where nightingales
Sing to the rose nor pause to listen
For mates to answer to their tales;
Where sycamores with shade are wide;
Where deer in caverns come to hide
When drowsy with the burning tide,
While in the hum of myriad voices
And sweetly breathing leaf and flower

И блеск, и жизнь, и шум листов,
Стозвучный говор голосов,
Дыханье тысячи растений!
И полдня сладострастный зной,
И ароматною росой
Всегда увлаженные ночи,
И звезды яркие, как очи,
Как взор грузинки молодой!..
Но, кроме зависти холодной,
Природы блеск не возбудил
В груди изгнанника бесплодной
Ни новых чувств, ни новых сил;
И всё, что пред собой он видел,
Он презирал иль ненавидел.

V

Высокий дом, широкий двор
Седой Гудал себе построил...
Трудов и слез он много стоил
Рабам послушным с давних пор.
С утра на скат соседних гор
От стен его ложатся тени.
В скале нарублены ступени;
Они от башни угловой
Ведут к реке, по ним мелькая,
Покрыта белою чадро́й*,
Княжна Тамара молодая
К Арагве ходит за водой.

VI

Всегда безмолвно на долины
Глядел с утеса мрачный дом;
Но пир большой сегодня в нем —
Звучит зурна**, и льются вины —
Гудал сосватал дочь свою,
На пир он созвал всю семью.
На кровле, устланной коврами,
Сидит невеста меж подруг:
Средь игр и песен их досуг
Проходит. Дальними горами
Уж спрятан солнца полукруг;
В ладони мерно ударяя,
Они поют — и бубен свой
Берет невеста молодая.

* Покрывало. (*Примечание Лермонтова*).
** Вроде волынки. (*Примечание Лермонтова*).

The land of song and light rejoices.
O sultry skies, the languid hour,
The aromatic dew of night,
And stars in their bewitching light
That shine in Gruzian eyes of love!
But naught of life and nature's splendor
Had power the Demon's heart to move
With strength or joy or feeling tender,
For all he looked upon he hated
Or else with scorn he contemplated.

5

A castle with a great wide yard
Goudál had long ago erected.
There slaves submissive and dejected
Through years of grief had labored hard.
From early dawn beyond the yard
Long shadows of its walls were thrown
On mountain slopes; rough hewn in stone
Below the rampart ran a flight
Of steps to swift Arágva's waters;
Here oft in veils of snowy white
Tamára, comeliest of his daughters,
Came tripping to the stream in light.

6

Long had the gloomy castle frowned
In silence grim on vales below.
Today, red wines in goblets flow
And gay with song the flutes resound.
Goudál his daughter's hand has plighted
And to his court his kin invited
To feast beside the gleaming fountains.
Among her girlhood friends the bride
Reclines; in song the moments glide
Too soon away. Behind the mountains
The sun goes down at eventide.
While clapping hands in rhythmic measure
They gaily sing, her tambourine,
Tamára, in their round of pleasure,
Starts ringing joyfully between
Her hands. She pauses, smiles, then flies
Aside; light as a bird she flashes
By while beneath her silken lashes
Shine radiant her glowing eyes.
She bows, her form with motion fleet,
Her raven eyebrows arching slightly

И вот она, одной рукой
Кружа его над головой,
То вдруг помчится легче птицы,
То остановится, — глядит —
И влажный взор ее блестит
Из-под завистливой ресницы;
То черной бровью поведет,
То вдруг наклонится немножко,
И по ковру скользит, плывет
Ее божественная ножка;
И улыбается она,
Веселья детского полна.
Но луч луны, по влаге зыбкой
Слегка играющий порой,
Едва ль сравнится с той улыбкой,
Как жизнь, как молодость живой.

VII

Клянусь полночною звездой,
Лучом заката и востока,
Властитель Персии златой
И ни единый царь земной
Не целовал такого ока;
Гарема брызжущий фонтан
Ни разу жаркою порою
Своей жемчужною росою
Не омывал подобный стан!
Еще ничья рука земная,
По милому челу блуждая,
Таких волос не расплела;
С тех пор как мир лишился рая,
Клянусь, красавица такая
Под солнцем юга не цвела.

VIII

В последний раз она плясала.
Увы! заутра ожидала
Ее, наследницу Гудала,
Свободы резвую дитя,
Судьба печальная рабыни,
Отчизна, чуждая поныне,
И незнакомая семья.
И часто тайное сомненье
Темнило светлые черты;
И были все ее движенья
Так стройны, полны выраженья,
Так полны милой простоты,

The while her graceful little feet
Are gliding on the carpet lightly;
And like a child in her bridal dress
Tamára smiles in her happiness.
A moonbeam for a moment dancing
Along a wave could not in truth
Transcend her joyful smile entrancing,
Her smile of innocence and youth.

7

I swear it by the midnight star,
By rays of light from East to West,
No mighty conqueror or tsar
On earth, no khan or shah afar
A fairer maiden has caressed!
I swear that in the burning hours
No wave of harem fountain splashing
Has quivered in the joy of dashing
On one so fair its pearly showers!
No mortal hand, I truly vow,
Has ever touched a fairer brow!
And since this world was first begun,
Since paradise was lost at birth,
No diviner shape upon this earth
Has bloomed beneath the southern sun!

8

For one last time she danced, elated.
Alas! another life awaited
Goudál's young heir, in wedlock fated,
Fair freedom's child, to live a slave
Immured within strange halls unknown
To her, with kinsmen not her own,
For good or ill unto her grave.
At times a hidden sense of doubt
Darkened Tamára's radiant face;
Yet was her artless charm throughout
So pleasing on that vigil night
In its true simplicity and grace,
That, had the Demon in his flight
Beheld her joy, he might have sighed
For lost angelic hosts of light,
And might have pitied the young bride.

9

The Demon saw... A strange elation
And pangs of wondrous adoration,
With music of some blissful rest

Что если б Демон, пролетая,
В то время на нее взглянул,
То, прежних братий вспоминая,
Он отвернулся б — и вздохнул...

IX

И Демон видел... На мгновенье
Неизъяснимое волненье
В себе почувствовал он вдруг.
Немой души его пустыню
Наполнил благодатный звук —
И вновь постигнул он святыню
Любви, добра и красоты!..
И долго сладостной картиной
Он любовался — и мечты
О прежнем счастье цепью длинной,
Как будто за звездой звезда,
Пред ним катилися тогда.
Прикованный незримой силой,
Он с новой грустью стал знаком;
В нем чувство вдруг заговорило
Родным когда-то языком.
То был ли признак возрожденья?
Он слов коварных искушенья
Найти в уме своем не мог...
Забыть? — забвенья не дал Бог:
Да он и не взял бы забвенья!..
. . . .

X

Измучив доброго коня,
На брачный пир к закату дня
Спешил жених нетерпеливый.
Арагвы светлой он счастливо
Достиг зеленых берегов.
Под тяжкой ношею даров
Едва, едва переступая,
За ним верблюдов длинный ряд
Дорогой тянется, мелькая:
Их колокольчики звенят.
Он сам, властитель Синодала,
Ведет богатый караван.
Ремнем затянут ловкий стан;
Оправа сабли и кинжала
Блестит на солнце; за спиной
Ружье с насечкой вырезной.
Играет ветер рукавами

And harmonies of spheres above,
Then filled his lonely barren breast
With beauty, holiness, and love.
He watched the scene before him, feeling
His dreams of old and his unrest,
The dreams arising in his mind
Like star upon a star, revealing
The bliss of Heaven left behind.
And fettered by an unseen power,
He felt a sadness strangely new,
And purer feelings came to flower
Again in ways of old he knew...
Did these portend regeneration,
Denial of evil and temptation? —
God would not grant him to forget
The past, nor could the Demon yet
Himself forget and crave salvation.

10

Meantime, unsparing of his beast,
The bridegroom to the wedding feast,
Impatient, hastened on his way
Till safe he reached at close of day
Arágva's banks. Behind him, swinging,
The camels came in twilight glow
With tinkling bells, all stepping slow,
Their costly loads of presents bringing,
While Sinodhal's impatient lord
Guided the caravan along.
A leathern belt enclasped his strong
And supple form; his jeweled sword
And dagger flashed beneath the sun
And, at his back, his fine-chased gun.
His mantle fluttered in the breeze,
Its armlets gay with silken thread
And braids of gold embroideries;
His bridle shone; his spirited
Unrivalled steed of Caucas strain,
Of perfect shape and golden mane,
Came champing at his bit with dread,
With snorts, as from the cliff askance
He watched the foaming waters dance.
Here narrow and perilous the way
With crags to left, the flood to right,
Along the fearsome gorges lay.
The hour grew late. On the snowy height

Его чухи*, — кругом она
Вся галуном обложена.
Цветными вышито шелками
Его седло; узда с кистями;
Под ним весь в мыле конь лихой
Бесценной масти, золотой.
Питомец резвый Карабаха
Прядет ушьми и, полный страха,
Храпя косится с крутизны
На пену скачущей волны.
Опасен, узок путь прибрежный!
Утесы с левой стороны,
Направо глубь реки мятежной.
Уж поздно. На вершине снежной
Румянец гаснет; встал туман...
Прибавил шагу караван.

XI

И вот часовня на дороге...
Тут с давних пор почиет в Боге
Какой-то князь, теперь святой,
Убитый мстительной рукой.
С тех пор на праздник иль на битву,
Куда бы путник ни спешил,
Всегда усердную молитву
Он у часовни приносил;
И та молитва сберегала
От мусульманского кинжала.
Но презрел удалой жених
Обычай прадедов своих.
Его коварною мечтою
Лукавый Демон возмущал:
Он в мыслях, под ночною тьмою,
Уста невесты целовал.
Вдруг впереди мелькнули двое,
И больше — выстрел! — что такое?..
Привстав на звонких стременах**,
Надвинув на брови папах***,
Отважный князь не молвил слова;
В руке сверкнул турецкий ствол,
Нагайка щелк — и, как орел,
Он кинулся... и выстрел снова!
И дикий крик, и стон глухой

---

* Верхняя одежда с откидными рукавами. (*Примечание Лермонтова*).

** Стремена у грузина вроде башмаков из звонкого металла. (*Примечание Лермонтова*).

*** Шапка, вроде ериванки (*Примечание Лермонтова*).

The sunrays died; mists rose apace;
The horsemen quickened then their pace.

11

There stood a chapel by the road,
Since days of old the last abode
Of a chieftain sainted in the land
But slain by a revengeful hand.
Each pilgrim faring on his way
To feast with friends or join the battle
With ardent words would come to pray
At this forsaken mountain chapel,
Believing that his faith and prayer
Would save him from a Moslem slayer.
But bold the daring bridegroom sped,
Disdainful of the sacred dead:
The Demon turned his thoughts aside
With wily images of bliss
When in the night he dreamed his bride
Had yielded to his ardent kiss. —
Before him sudden rose two men,
And more!.. A shot! Another! Then
Upon his ringing stirrups rising,
His cap pulled down, a raid surmising,
The gallant-hearted prince spoke not
A word; his long whip fiercely crashing,
Like an eagle from its eyrie dashing,
He charged the foe. Again a shot!
A cry of pain and stifled woe
Rang through the stillness of the valley.
Not long he fought the hidden foe;
His craven bands refused to rally.

12

Huddled together in the dead
Of night, the camels gazed in dread
Upon the fallen horsemen dying,
While in the dark untenanted
The silver bells resounded, sighing.
Plundered the precious caravan!
And soon the birds of prey began
To wheel above the dead at night.
Not theirs the Christian grave and rite
Nor sleep beneath the chapel stones
Where lie at rest their fathers' bones.
No sister and no mother weeping
Will come in sorrow, veiled, unsleeping,

Промчались в глубине долины —
Недолго продолжался бой:
Бежали робкие грузины!

XII

Затихло всё; теснясь толпой,
На трупы всадников порой
Верблюды с ужасом глядели;
И глухо в тишине степной
Их колокольчики звенели.
Разграблен пышный караван;
И над телами христиан
Чертит круги ночная птица!
Не ждет их мирная гробница
Под слоем монастырских плит,
Где прах отцов их был зарыт;
Не придут сестры с матерями,
Покрыты длинными чадрами,
С тоской, рыданьем и мольбами,
На гроб их из далеких мест!
Зато усердною рукою
Здесь у дороги, над скалою
На память водрузится крест;
И плющ, разросшийся весною,
Его, ласкаясь, обовьет
Своею сеткой изумрудной;
И, своротив с дороги трудной,
Не раз усталый пешеход
Под Божьей тенью отдохнет...

XIII

Несется конь быстрее лани,
Храпит и рвется, будто к брани;
То вдруг осадит на скаку,
Прислушается к ветерку,
Широко ноздри раздувая;
То, разом в землю ударяя
Шипами звонкими копыт,
Взмахнув растрепанною гривой,
Вперед без памяти летит.
На нем есть всадник молчаливый!
Он бьется на седле порой,
Припав на гриву головой.
Уж он не правит поводами,
Задвинул ноги в стремена,
И кровь широкими струями
На чепраке его видна.

To mourn a son's or brother's loss!
And yet upon this mountain way
Devoted hands will raise one day
Beneath the cliff a hallowed cross;
The ivy, in the springtime growing,
Will twine it with a fond caress,
With emerald nets of tenderness,
And there the weary, homeward going
Along the toilsome road and glade,
Will rest beneath the sacred shade.

13

The steed runs swifter than the roe,
And snorts as if to meet the foe.
Now wildly dashing in his flight,
Or listening to the winds of night,
He sniffs the air with nostrils wide,
He paws the rocky mountainside.
Then tossing his dishevelled mane,
His clanging iron hoofs resounding
In deepest darkness, onward bounding
He rushes fearlessly again.
A dying rider on his back!
His head lies on the horse's mane;
The reins, no longer held, fall slack.
His feet the stirrups press no more;
The flowing drops of blood run o'er
His face and saddle. Through the fight,
How brave the charger in his flight,
Like an arrow from the battle scene!
Alas! the shot of the Ossetien
Overtook his master in the night.

14

Goudál's great house was loud with weeping
And neighbors crowded in the court:
Whose horse in clouds of dust came leaping
And fell on flagstones at the fort?
And who the rider, cold and mute,
His frowning brow still resolute
With war's alarm and strife and pain?
One hand in maddening distress
Lay stiffened in the horse's mane;
With blood was stained his martial dress.
Too soon your wedding day was over,
O fairest bride! — The prince at least
Had kept his promise, and your lover

Скакун лихой, ты господина
Из боя вынес как стрела,
Но злая пуля осетина
Его во мраке догнала!

XIV

В семье Гудала плач и стоны,
Толпится на дворе народ:
Чей конь примчался запаленный
И пал на камни у ворот?
Кто этот всадник бездыханный?
Хранили след тревоги бранной
Морщины смуглого чела.
В крови оружие и платье;
В последнем бешеном пожатье
Рука на гриве замерла.
Недолго жениха младого,
Невеста, взор твой ожидал:
Сдержал он княжеское слово,
На брачный пир он прискакал...
Увы! но никогда уж снова
Не сядет на коня лихого!..

XV

На беззаботную семью,
Как гром, слетела Божья кара!
Упала на постель свою,
Рыдает бедная Тамара;
Слеза катится за слезой,
Грудь высоко и трудно дышит;
И вот она как будто слышит
Волшебный голос над собой:
«Не плачь, дитя! не плачь напрасно!
Твоя слеза на труп безгласный
Живой росой не упадет:
Она лишь взор туманит ясный,
Ланиты девственные жжет!
Он далеко, он не узнает,
Не оценит тоски твоей;
Небесный свет теперь ласкает
Бесплотный взор его очей;
Он слышит райские напевы...
Что жизни мелочные сны,
И стон, и слезы бедной девы
Для гостя райской стороны?
Нет, жребий смертного творенья,
Поверь мне, ангел мой земной,

Came riding to the marriage feast. —
Alas! he would no more bestride
His swift and noble steed in pride.

15

Like a thunderclap, disaster dread
Fell on the happy house and swept
Their joy away; upon her bed
Tamára in her sorrow wept.
With grief her heavy heart was throbbing,
And burning tears betrayed her fear,
When, lo! between her grief and sobbing
It seemed a wondrous voice came near.

«Weep not, my child, you weep in vain!
Your tears will not awake again
His life with dew of living sighs.
They only burn your face with pain
And dim the light within your eyes.
His soul is far, and all your grieving
He cannot feel nor know your plight.
His unfettered soul is now receiving
The vision of celestial light
And hears the holy angels singing.
How vain all dreams of life and sighs
And maiden tears in sorrow springing
To him who dwells in Paradise!
Ah, no! no life in all creation,
No human fate, believe, is worth
Your suffering and tribulation,
O dearest angel of the earth!

    «O'er the boundless aery ocean,
    Star on star, like phantom sails,
    Soft with music of their motion
    Float within their misted veils.
    In the azure fields unending,
    Fleecy clouds that leave no trace
    In the skies their way are wending
    Through immeasurable space.
    Hour of parting, hour of greeting,
    Brings no joy to them or pain, —
    No regret when day is fleeting,
    Not the hope for day again.
    In your hour of care and sorrow,

Не стоит одного мгновенья
Твоей печали дорогой!

«На воздушном океане,
Без руля и без ветрил,
Тихо плавают в тумане
Хоры стройные светил;
Средь полей необозримых
В небе ходят без следа
Облаков неуловимых
Волокнистые стада.
Час разлуки, час свиданья —
Им ни радость, ни печаль;
Им в грядущем нет желанья,
И прошедшего не жаль.
В день томительный несчастья
Ты об них лишь вспомяни;
Будь к земному без участья
И беспечна, как они!

«Лишь только ночь своим покровом
Верхи Кавказа осенит,
Лишь только мир, волшебным словом
Завороженный, замолчит;
Лишь только ветер над скалою
Увядшей шевельнет травою,
И птичка, спрятанная в ней,
Порхнет во мраке веселей;
И под лозою виноградной,
Росу небес глотая жадно,
Цветок распустится ночной;
Лишь только месяц золотой
Из-за горы тихонько встанет
И на тебя украдкой взглянет, —
К тебе я стану прилетать;
Гостить я буду до денницы,
И на шелковые ресницы
Сны золотые навевать...»

XVI

Слова умолкли в отдаленье,
Вослед за звуком умер звук.
Она вскочив глядит вокруг...
Невыразимое смятенье
В ее груди; печаль, испуг,
Восторга пыл — ничто в сравненье.
Все чувства в ней кипели вдруг;

Like the clouds afar in air,
O remain upon each morrow
As unmoved as they by care.

«When night shall draw her velvet veil
Upon the mountain peaks in shade,
And worlds as in a fairy tale
Enchanted into silence fade;
When every breeze of night that passes
Stirs on the cliff the withered grasses,
While in her hidden nest the lark
With gladness flutters in the dark;
When under branching vines the flower
Of night drinks eagerly the shower
Of scented dew; when in a swoon
In clouds shall come the silver moon,
And softly over the mountains rise
To gaze at you with furtive eyes, —
Then I will wing to you below,
Nor leave you till the Orient flashes,
And o'er your darkened silken lashes
My golden dreams will gently blow».

16

The words grew fainter in the air
And faded softly sound on sound.
Tamára, rising, looked around
With fear and rapture, but despair
Awakened in her breast at war,
And all transformed her feelings were
Within; a flame ran through her veins;
Her spirit burst its living chains,
While still a magic voice and daring
She heard like a refrain ensnaring.
Then gentle sleep, ere morning rose,
Over her weary eyes came stealing;
And yet a strange prophetic feeling
Disquieted the night's repose.
A silent form of love and grace
In light of wondrous beauty shining,
He came, above her couch inclining;
So tender, stern, his yearning face,
So infinite with grief and passion,
He seemed in truth to feel compassion.
But no angel of celestial birth,
And not her guardian on earth,
Not in a crown of rainbow rays

Душа рвала свои оковы,
Огонь по жилам пробегал,
И этот голос чудно-новый,
Ей мнилось, всё еще звучал.
И перед утром сон желанный
Глаза усталые смежил;
Но мысль ее он возмутил
Мечтой пророческой и странной.
Пришлец туманный и немой,
Красой блистая неземной,
К ее склонился изголовью;
И взор его с такой любовью,
Так грустно на нее смотрел,
Как будто он об ней жалел.
То не был ангел-небожитель,
Ее Божественный хранитель:
Венец из радужных лучей
Не украшал его кудрей.
То не был ада дух ужасный,
Порочный мученик — о нет!
Он был похож на вечер ясный:
Ни день, ни ночь, — ни мрак, ни свет!..

ЧАСТЬ II

I

«Отец, отец, оставь угрозы,
Свою Тамару не брани;
Я плачу: видишь эти слезы,
Уже не первые они.
Напрасно женихи толпою
Спешат сюда из дальних мест...
Немало в Грузии невест;
А мне не быть ничьей женою!..
О, не брани, отец, меня.
Ты сам заметил: день от дня
Я вяну, жертва злой отравы!
Меня терзает дух лукавый
Неотразимою мечтой;
Я гибну, сжалься надо мной!
Отдай в священную обитель
Дочь безрассудную свою;
Там защитит меня Спаситель,
Пред ним тоску мою пролью.
На свете нет уж мне веселья...

With glory in his hair and gaze;
Not Hell's accursed spirit, no!
No sinner, rebel, in his might!
He seemed a shape of twilight glow —
Not day or night, not gloom or light!

PART TWO

1

«O father, father! do not blame me,
Be merciful and kind to me!
Behold my tears, O do not shame me,
My burning tears of misery!
In vain the suitors come a-wooing
To win my love, to have my life;
I'll never now to my undoing
Become another's bride and wife.
O do not chide me, father, pray!
I die for sorrow. Day by day
I'm troubled by an evil doom,
By a fiendish spirit torn in gloom
As in a dream unceasingly.
I perish! O pity, pity me!
For my unreason, father, send me
To a nun's abode for all my years,
And there my Saviour will defend me
And wash away my grief and tears.
No happiness has life to give me
In my bereavement! Let the gloom
And stillness of the cell receive me,
Let a convent be my living tomb».

2

And thus a convent far and lonely
Sheltered the hapless maid at last;
In humble sackcloth habit only
The nuns her blameless form had dressed.
And yet her spirit undissembling,
As when the silk brocade she wore,
By dreams unholy as before
Was agonized by shame and trembling.
Before the altar, in her cell,
Or in the hour of solemn singing,
She often heard in accents ringing
The haunting voice she knew so well.

Святыни миром осеня,
Пусть примет сумрачная келья,
Как гроб, заранее меня...»

II

И в монастырь уединенный
Ее родные отвезли,
И власяницею смиренной
Грудь молодую облекли.
Но и в монашеской одежде,
Как под узорною парчой,
Всё беззаконною мечтой
В ней сердце билося, как прежде.
Пред алтарем, при блеске свеч,
В часы торжественного пенья,
Знакомая, среди моленья,
Ей часто слышалася речь.
Под сводом сумрачного храма
Знакомый образ иногда
Скользил без звука и следа
В тумане легком фимиама;
Сиял он тихо, как звезда;
Манил и звал он... но — куда?..

III

В прохладе меж двумя холмами
Таился монастырь святой.
Чинар и тополей рядами
Он окружен был — и порой,
Когда ложилась ночь в ущельи,
Сквозь них мелькала, в окнах кельи,
Лампада грешницы младой.
Кругом, в тени дерев миндальных,
Где ряд стоит крестов печальных,
Безмолвных сторожей гробниц,
Спевались хоры легких птиц.
По камням прыгали, шумели
Ключи студеною волной
И под нависшею скалой,
Сливаясь дружески в ущелье,
Катились дальше, меж кустов,
Покрытых инеем цветов.

IV

На север видны были горы.
При блеске утренней Авроры,
Когда синеющий дымок
Курится в глубине долины,

Sometimes across the vaulted shrine,
In a mist of incense at the mass,
There suddenly a form would pass
And dimly for a moment shine.
His face shone softly as a star.
His voice allured her from afar.

3

The convent, by a hillock bounded,
Stood hidden in a lonely glen,
By stately poplar trees surrounded
And spreading sycamores; and when
The day was done and darkness fell,
The lighted taper in her cell
Shone glimmering across the glen.
And where the row of crosses rose
Above the graves in calm repose,
Daylong among the almond trees
The birds made sweetest melodies;
There leaping sportively, the fountains
And icy rills fell rippling past,
Glad in one stream to meet at last
Beneath the beetling crags of mountains
And flow together through the bowers
Covered with the rime of flowers.

4

There mountain summits loom in view.
And when at dawn the hazy blue
Curls softly in the vales of dew,
And turning to the East their faces
The muezzins cry their hour of prayer;
And when the bell their slumber chases
Resounding in the trembling air,
To wake the convent from the dream
Of night; when in the hour supreme
And pure at dawn the Gruzian maiden
Descends the mountain to the stream
With a slender water pitcher laden, —
Then far the summit of the snows
As a tender wall of lilac glows
Against the azure heavens lying.
And when at eve the sun is dying,
And veiled in rose the peaks are sighing,
Above all mountains towering far
Beyond the barriers of cloud,

И, обращаясь на восток,
Зовут к молитве муэцины,
И звучный колокола глас
Дрожит, обитель пробуждая;
В торжественный и мирный час,
Когда грузинка молодая
С кувшином длинным за водой
С горы спускается крутой,
Вершины цепи снеговой
Светло-лиловою стеной
На чистом небе рисовались,
И в час заката одевались
Они румяной пеленой;
И между них, прорезав тучи,
Стоял, всех выше головой,
Казбек, Кавказа царь могучий,
В чалме и ризе парчевой.

V

Но, полно думою преступной,
Тамары сердце недоступно
Восторгам чистым. Перед ней
Весь мир одет угрюмой тенью;
И всё ей в нем предлог мученью —
И утра луч и мрак ночей.
Бывало только ночи сонной
Прохлада землю обоймет,
Перед Божественной иконой
Она в безумье упадет
И плачет; и в ночном молчанье
Ее тяжелое рыданье
Тревожит путника вниманье;
И мыслит он: «То горный дух,
Прикованный в пещере, стонет!»
И, чуткий напрягая слух,
Коня измученного гонит...

VI

Тоской и трепетом полна,
Тамара часто у окна
Сидит в раздумье одиноком
И смотрит в даль прилежным оком,
И целый день, вздыхая, ждет...
Ей кто-то шепчет: он придет!
Недаром сны ее ласкали,
Недаром он являлся ей,
С глазами, полными печали,

Kazbék, imperial and proud,
Stands vast — a mighty crownéd tsar.

5

Tamára, by her thoughts obsessed,
Knew no response within her breast
To silent prayers of pure delight;
The world appeared a fate pursuing
Her every hour to her undoing
Alike by day and dark of night.
And oft it seemed the evening air
Rang loud with evil voices calling;
Before the holy icon falling
Tamára wept in her despair.
So wild the night with bitter weeping,
Sometimes a traveller unsleeping
Would listen, troubled, passing near,
And muse: «A spirit moans with pain,
Chained in a cavern», and in fear
Would spur his weary horse again.

6

In anguish and in trepidation,
Tamára sat oft alone before
Her window in pensive contemplation,
And gazed, as though upon a shore
Afar in azure; pale and dumb,
She heard a whisper, «He will come».
Not vainly came that dream of splendor,
Nor had her tempter come in vain
With words all magical and tender,
With eyes of yearning and of pain!
On many days her spirit suffered,
The reason to herself unknown,
For when unto the saints she offered
Her prayer, at heart to him alone
She prayed unheard. With heaving breast,
Exhausted by her strife and pain,
She nowhere found her ease, her rest,
But fear and burning grief again.
Her shoulders flushed, love in her face,
She saw the vision at her side;
Her arms ached madly to embrace,
And on her lips the kisses died.

7

When night-enshrouding mists had covered
The mountain peak and silent dale,

И чудной нежностью речей.
Уж много дней она томится,
Сама не зная почему;
Святым захочет ли молиться —
А сердце молится *ему*;
Утомлена борьбой всегдашней,
Склонится ли на ложе сна:
Подушка жжет, ей душно, страшно,
И вся, вскочив, дрожит она;
Пылают грудь ее и плечи,
Нет сил дышать, туман в очах,
Объятья жадно ищут встречи,
Лобзанья тают на устах ...
. . . .
. . . .

VII

    Вечерней мглы покров воздушный
Уж холмы Грузии одел.
Привычке сладостной послушный,
В обитель Демон прилетел.
Но долго, долго он не смел
Святыню мирного приюта
Нарушить. И была минута,
Когда казался он готов
Оставить умысел жестокой.
Задумчив, у стены высокой
Он бродит: от его шагов
Без ветра лист в тени трепещет.
Он поднял взор: ее окно,
Озарено лампадой, блещет;
Кого-то ждет она давно!
И вот средь общего молчанья
Чингура[*] стройное бряцанье
И звуки песни раздались;
И звуки те лились, лились,
Как слезы, мерно друг за другом;
И эта песнь была нежна,
Как будто для земли она
Была на небе сложена!
Не ангел ли с забытым другом
Вновь повидаться захотел,
Сюда украдкою слетел
И о былом ему пропел,
Чтоб усладить его мученье?..

---

[*] Чингар, род гитары. (*Примечание Лермонтова*).

True to his wont, the Demon hovered
About the convent's sacred pale.
But long, oh long, he did not dare
To come into the hallowed shrine
To violate the peace divine.
A while it seemed he would forswear
His cruel purpose; long he wandered
Around the lofty walls and pondered,
While in the still and windless night
The leaves before him shook, affrighted.
But warmly glimmered in his sight
Her window by the icon lighted.
Tamára had been waiting long.
In deepest silence near and far
Came soft the strains of a guitar,
And softly too a tender song;
Like music flowing, unreturning,
Like falling tears the strains came forth,
So gently singing on this earth
As if the heavens gave them birth.
Or was it then an angel yearning
To meet, unseen, a friend of yore,
And sing to him — to ease his burning
Heart and the sufferings he bore
Alone, unspoken, in his sadness?..
At last the Demon knew the gladness,
The torment and the grief of love
Not felt before; in sudden fear
He strove to fly; he could not move
And slow there fell a burning tear
Upon the ground... 'Tis said the same
Flagstone still lies beside the cell
Today, all calcined, where the flame
Of a burning tear upon it fell.

8

He entered, hopeful and elated,
Believing that his dreadful past
Was over, from sin emancipated,
That a new life had dawned at last.
He paused awhile in secret fear
By vague uncertainties possessed,
With pride unresting in his breast,
Before the trysting time drew near.
And lo! there stood with flaming sword
Upon the inner threshold gleaming
A guardian angel of the Lord,

Тоску любви, ее волненье
Постигнул Демон в первый раз;
Он хочет в страхе удалиться...
Его крыло не шевелится!
И, чудо! из померкших глаз
Слеза тяжелая катится...
Поныне возле кельи той
Насквозь прожженный виден камень
Слезою жаркою, как пламень,
Нечеловеческой слезой!..

VIII

      И входит он, любить готовый,
С душой, открытой для добра,
И мыслит он, что жизни новой
Пришла желанная пора.
Неясный трепет ожиданья,
Страх неизвестности немой,
Как будто в первое свиданье
Спознались с гордою душой.
То было злое предвещанье!
Он входит, смотрит — перед ним
Посланник рая, херувим,
Хранитель грешницы прекрасной,
Стоит с блистающим челом
И от врага с улыбкой ясной
Приосенил ее крылом;
И луч Божественного света
Вдруг ослепил нечистый взор,
И вместо сладкого привета
Раздался тягостный укор:

IX

      «Дух беспокойный, дух порочный,
Кто звал тебя во тьме полночной?
Твоих поклонников здесь нет,
Зло не дышало здесь поныне;
К моей любви, к моей святыне
Не пролагай преступный след.
Кто звал тебя?»
                Ему в ответ
Злой дух коварно усмехнулся;
Зарделся ревностию взгляд;
И вновь в душе его проснулся
Старинной ненависти яд.
«Она моя! — сказал он грозно, —
Оставь ее, она моя!

His radiant brow and features beaming,
To shield the erring, trembling child
Beneath his wings. The angel smiled.
The rays of his celestial light
Fell blinding on the Demon's sight;
Instead of tender love at meeting
He heard a stern and wrathful greeting:

9

«O restless spirit of temptation,
What brings thee at this midnight hour?
Here no believer in thy power,
No slave of evil inspiration,
For they who worship at this shrine
In truth and love are wholly mine.
Who called thee forth?»
                    The Demon smiled
In answer, but his brow grew black,
His flaming eyes with envy wild,
And all his ancient hate came back.
«She is mine!» He spoke with proud derision:
«She is mine! Leave her to her fate!
O guardian angel, thou art too late
And all in vain thy firm decision!
No longer here thy shrine and bride.
I now have laid my seal's impress
Upon her heart imbued with pride;
Alone I love her, alone possess!»
The angel sadly gazed, beholding
The victim with a pitying glance,
And slow, his rainbow wings unfolding,
He vanished in the sky's expanse.

10

TAMÁRA

Oh, who are you? Your words ensnare!
Who sent you? Hell or Heaven, who?
And what your will?

DEMON

              Ah, you are fair!

TAMÁRA

Who are you? I beseech you, who?

DEMON

I am the one to whom you listened,
Whose thoughts and feelings are of you,

Явился ты, защитник, поздно,
И ей, как мне, ты не судья.
На сердце, полное гордыни,
Я наложил печать мою;
Здесь больше нет твоей святыни,
Здесь я владею и люблю!»
И Ангел грустными очами
На жертву бедную взглянул
И медленно, взмахнув крылами,
В эфире неба потонул.

. . . .

X

ТАМАРА

О! Кто ты? речь твоя опасна!
Тебя послал мне ад иль рай?
Чего ты хочешь?..

ДЕМОН

Ты прекрасна!

ТАМАРА

Но молви, кто ты? отвечай...

ДЕМОН

Я тот, которому внимала
Ты в полуночной тишине,
Чья мысль душе твоей шептала,
Чью грусть ты смутно отгадала,
Чей образ видела во сне.
Я тот, чей взор надежду губит;
Я тот, кого никто не любит;
Я бич рабов моих земных,
Я царь познанья и свободы,
Я враг небес, я зло природы,
И, видишь, — я у ног твоих!
Тебе принес я в умиленье
Молитву тихую любви,
Земное первое мученье
И слезы первые мои.
О! выслушай — из сожаленья!
Меня добру и небесам
Ты возвратить могла бы словом.
Твоей любви святым покровом
Одетый, я предстал бы там,
Как новый ангел в блеске новом;
О! только выслушай, молю, —

Who whispered in the stilly night,
Whose grief you have divined, whose might
And vision in your slumber glistened.
I am one by all the living hated,
By whom all hope is desolated.
I am the scourge of men's defeat,
The bane of nature, God's enemy!
I am the lord of liberty
And thought! Behold me at your feet!
I bring to you my heart's confession,
And all my tender love and fears;
I bring my suffering and passion,
My first humility of tears.
O hear me, hear me with compassion!
By just a word you could restore
My life to heaven and to good;
Clad in your godlike love, I would
In brightness new appear before
The empyrean brotherhood.
O hear me to the last, I pray!
I love, I am your slave today!
Since first I knew you, from that hour
My immortality and power
I've hated in my heart. I confess
I envied unaware your fateful,
Imperfect earthly happiness;
To be apart from you was hateful,
To be alone was meaningless.
Then sudden in my bloodless heart
I felt the flame of ancient pangs,
And in my rankling wounds a smart
More cruel by far than serpent fangs.
What means eternity to me?
My empire, the world's immensity?
Mere sounding words, an empty dream,
A shrine without a god supreme.

TAMÁRA

Leave me, O spirit of temptation!
Oh cease, I do not trust my foe!
Dear God above, behold my woe!..
I cannot pray for my salvation!
Your venom rages in my heart;
It is my end at last. I die!
Your words are death to me, — depart!
You vow you love me. Tell me, why?

Я раб твой, — я тебя люблю!
Лишь только я тебя увидел —
И тайно вдруг возненавидел
Бессмертие и власть мою.
Я позавидовал невольно
Неполной радости земной;
Не жить, как ты, мне стало больно,
И страшно — розно жить с тобой.
В бескровном сердце луч нежданый
Опять затеплился живей,
И грусть на дне старинной раны
Зашевелилася, как змей.
Что без тебя мне эта вечность?
Моих владений бесконечность?
Пустые звучные слова,
Обширный храм — без божества!

ТАМАРА

Оставь меня, о дух лукавый!
Молчи, не верю я врагу...
Творец... Увы! я не могу
Молиться... гибельной отравой
Мой ум слабеющий объят!
Послушай, ты меня погубишь;
Твои слова — огонь и яд...
Скажи, зачем меня ты любишь!

ДЕМОН

Зачем, красавица? Увы,
Не знаю!.. Полон жизни новой,
С моей преступной головы
Я гордо снял венец терновый,
Я всё былое бросил в прах:
Мой рай, мой ад в твоих очах.
Люблю тебя нездешней страстью,
Как полюбить не можешь ты:
Всем упоением, всей властью
Бессмертной мысли и мечты.
В душе моей, с начала мира,
Твой образ был напечатлён,
Передо мной носился он
В пустынях вечного эфира.
Давно тревожа мысль мою,
Мне имя сладкое звучало;
Во дни блаженства мне в раю
Одной тебя недоставало.
О! если б ты могла понять,

DEMON

Ah, fairest, why? I scarce can say.
But, ravished with new life at last,
From off my guilty brow I cast
In pride my thorny crown away.
All past is dust; my Paradise,
Or Hell, lies henceforth in your eyes.
My love for you no human passion,
No earthly feeling, but a dream
Of boundless rapture and possession
Within the mind and heart supreme.
Since God the universe created,
Since life and time began, your face
Before me lived in endless space,
In wastes of ether unabated.
Long, long ago, in days foreknown
I heard you name resounding clear,
And, when I dwelt within the sphere
Of bliss, I called but you alone.
If you could only comprehend
This nameless bitterness of living
Age after age, this unforgiving
In joy or sorrow without end, —
For evil deeds no praise receiving,
And no reward for good! For ages
To lust for self and live a life
Of emptiness, in fields of strife
That never peace nor fame assuages!
To live with hate against my will,
All knowing, nothing yet desiring,
And nothing in the world admiring,
But hating ever deeper still!..
When God proclaimed my great disgrace
And curse upon me, from that day
All things celestial turned away
From me and spurned my warm embrace.
Across the gulfs of ether blue
I saw the stars in festal rays
Passing upon their golden ways,
But me, their erstwhile friend, they knew
No more. I called in my distress
The outcast spirits to my side;
I heard their wrath and bitterness,
I heard their cries of hate and pride.
In terror then I fled dejected,
Not knowing where, beyond the skies;

Какое горькое томленье
Всю жизнь, века без разделенья
И наслаждаться и страдать,
За зло похвал не ожидать
Ни за добро вознагражденья;
Жить для себя, скучать собой,
И этой вечною борьбой
Без торжества, без примиренья!
Всегда жалеть и не желать,
Всё знать, всё чувствовать, всё видеть,
Стараться всё возненавидеть
И всё на свете презирать!..
Лишь только Божие проклятье
Исполнилось, с того же дня
Природы жаркие объятья
Навек остыли для меня;
Синело предо мной пространство;
Я видел брачное убранство
Светил, знакомых мне давно...
Они текли в венцах из злата;
Но что же? прежнего собрата
Не узнавало ни одно.
Изгнанников, себе подобных,
Я звать в отчаянии стал,
Но слов и лиц и взоров злобных,
Увы! я сам не узнавал.
И в страхе я, взмахнув крылами,
Помчался — но куда? зачем?
Не знаю... прежними друзьями
Я был отвергнут; как Эдем,
Мир для меня стал глух и нем.
По вольной прихоти теченья
Так поврежденная ладья
Без парусов и без руля
Плывет, не зная назначенья;
Так ранней утренней порой
Отрывок тучи громовой,
В лазурной вышине чернея,
Один, нигде пристать не смея,
Летит без цели и следа,
Бог весть откуда и куда!
И я людьми недолго правил,
Греху недолго их учил,
Всё благородное бесславил
И всё прекрасное хулил;
Недолго... пламень чистой веры
Легко навек я залил в них...

The world was void, myself rejected
Alike by friends and Paradise.
And like a bark disabled, going
Without a rudder or a sail
Upon a stream before the gale,
I wandered, where or why not knowing.
Thus in the vaulted morning sky
A shred of thunder cloud drifts by
Dark-frowning in the azure air,
And dares not tarry anywhere,
But steals away, God only knows
From where it comes or where it goes.
Not long in might I ruled mankind,
Not long inclined their hearts to sin,
To spurn all beauty of the mind
And shame all excellence within
Their nature. No, not long. The flame
Of faith I sought to quench forever:
Were fools and knaves alone my aim
In life, my one concern forever?
How oft in mountain passes hiding
I flared up as a meteor bright
In murky darkness of the night
When lone a traveller came riding.
I heard him o'er the precipice
Fall plunging down the deep abyss,
The clouds of dust behind him trailing,
In blood and death the rocks among.
But hate and pain and human wailing
Did not avail to please me long.
How oft with wind and tempest waging
My blinding strife, in mist, or clad
In lighting and in thunder, raging
Among the clouds, I darted dread
Among the warring realms untamed, —
To quench my wounded heart's regret,
To quell my mind, and all the named
Eternal memories forget!..
What mean the sorrows and privations,
The labor and the cares of man
Of past and present generations,
Beside one momentary span
Of my unfathomed tribulations?
But man, poor creature born of dust,
Whose life is meaningless and brief,
May live with hope, for God is just.
He judges, yet He will forgive!

А стоили ль трудов моих
Одни глупцы да лицемеры?
И скрылся я в ущельях гор;
И стал бродить, как метеор,
Во мраке полночи глубокой...
И мчался путник одинокой,
Обманут близким огоньком;
И в бездну падая с конем,
Напрасно звал — и след кровавый
За ним вился по крутизне...
Но злобы мрачные забавы
Недолго нравилися мне!
В борьбе с могучим ураганом,
Как часто, подымая прах,
Одетый молньей и туманом,
Я шумно мчался в облаках,
Чтобы в толпе стихий мятежной
Сердечный ропот заглушить,
Спастись от думы неизбежной
И незабвенное забыть!
Что повесть тягостных лишений,
Трудов и бед толпы людской
Грядущих, прошлых поколений
Перед минутою одной
Моих непризнанных мучений?
Что люди? что их жизнь и труд?
Они прошли, они пройдут...
Надежда есть — ждет правый суд:
Простить он может, хоть осудит!
Моя ж печаль бессменно тут,
И ей конца, как мне, не будет;
И не вздремнуть в могиле ей!
Она то ластится, как змей,
То жжет и плещет, будто пламень,
То давит мысль мою, как камень —
Надежд погибших и страстей
Несокрушимый мавзолей!..

ТАМАРА

Зачем мне знать твои печали,
Зачем ты жалуешься мне?
Ты согрешил...

ДЕМОН

      Против тебя ли?

ТАМАРА

Нас могут слышать!..

Only I with unabated grief
Until the end of time must live
Unresting with my bitter pangs.
My grief, immortal as the soul,
Now sears me as a living coal,
Now stings me as with serpent fangs,
Oppressive like a stone gloom —
An ever imperishable tomb
Of buried passion, hope, and doom!

TAMÁRA

Why tell your sorrows and lament
To me alone? You must atone
To God for sins —

DEMON

Against you? ... Repent?

TAMÁRA

We may be heard! ...

DEMON

We are alone.

TAMÁRA

But God!

DEMON

Is man indeed His care
On earth? Heaven, not earth, His care!

TAMÁRA

But flames of Hell for all eternity!

DEMON

Tamára, you shall be with me!

TAMÁRA

Whoe'er you are, my friend unbidden,
Because I grieve, I listen still
To you, with true compassion hidden
Deep in my heart, against my will.
But if your aim is to deceive me,
If guile alone your secret goal,
What triumph? Oh, have pity, leave me!
What gain to you one human soul?
There are many maidens in our land
All fairer than the blooming rose,
Whose virgin couch and sweet repose
Remain untroubled by the hand

ДЕМОН

Мы одне.

ТАМАРА

А Бог!

ДЕМОН

На нас не кинет взгляда:
Он занят небом, не землей!

ТАМАРА

А наказанье, муки ада?

ДЕМОН

Так что ж? ты будешь там со мной!

ТАМАРА

Кто б ни был ты, мой друг случайный, —
Покой навеки погубя,
Невольно я с отрадой тайной,
Страдалец, слушаю тебя.
Но если речь твоя лукава,
Но если ты, обман тая...
О! пощади! Какая слава?
На что душа тебе моя!
Ужели небу я дороже
Всех, не замеченных тобой?
Они, увы! прекрасны тоже;
Как здесь, их девственное ложе
Не смято смертною рукой...
Нет! дай мне клятву роковую...
Скажи, — ты видишь: я тоскую;
Ты видишь женские мечты!
Невольно страх в душе ласкаешь...
Но ты всё понял, ты всё знаешь —
И сжалишься, конечно, ты!
Кляни́ся мне... от злых стяжаний
Отречься ныне дай обет.
Ужель ни клятв, ни обещаний
Ненарушимых больше нет?..

ДЕМОН

Клянусь я первым днем творенья,
Клянусь его последним днем,
Клянусь позором преступленья
И вечной правды торжеством.
Клянусь паденья горькой мукой,
Победы краткою мечтой;
Клянусь свиданием с тобой

Of death. Am I more dear that those?
Nay, swear to me a sacred vow!..
You see how great my anguish now!
Your eyes gaze on a woman's dreams.
I would not, yet I greatly fear;
But you are knowing, wise; it seems
You needs must pity me. — O hear!
Swear on your oath, can none be spoken?
O promise me a solemn vow, —
Can sacred promises be broken?
Swear you renounce all evil now!

DEMON

I swear by the first day created,
I swear by the last day and hour,
I swear by shame and evil hated,
By truth triumphant in its power.
I swear by torments of the heart,
By dreams of exultation fleeting,
By every rapture of our meeting,
And by the hour when we must part.
I swear by all the spirit hordes
Of kindred rebel deities,
By angels of the flaming swords,
By all my watchful enemies;
I swear by Heaven and by Hell,
By all things holy in the spheres
Above, and by your last farewell;
I swear by you, by your first tears
For me, your tenderness and sighing,
And by your waving silken hair.
By happiness and pain undying,
And by my love for you, I swear
I disavow my thoughts of pride,
I disavow my vengeance blind!
I vow I shall no more misguide
By craft and wiles the human mind.
I ask to make my peace with Heaven;
I wish to love, I wish to pray
Again, I wish to be forgiven.
I would again believe in good,
And, penitential, wash away
The flames of my rebellious mood,
And let the human race at peace
In joy and labor find release.
Believe, Tamára, till this hour
No soul perceived, save I alone,

И вновь грозящею разлукой.
Клянуся сонмищем духов,
Судьбою братий мне подвластных,
Мечами ангелов бесстрастных,
Моих недремлющих врагов;
Клянуся небом я и адом,
Земной святыней и тобой,
Клянусь твоим последним взглядом,
Твоею первою слезой,
Незлобных уст твоих дыханьем,
Волною шелковых кудрей,
Клянусь блаженством и страданьем,
Клянусь любовию моей:
Я отрекся от старой мести,
Я отрекся от гордых дум;
Отныне яд коварной лести
Ничей уж не встревожит ум;
Хочу я с небом примириться,
Хочу любить, хочу молиться,
Хочу я веровать добру.
Слезой раскаянья сотру
Я на челе, тебя достойном,
Следы небесного огня —
И мир в неведенье спокойном
Пусть доцветает без меня!
О! верь мне: я один поныне
Тебя постиг и оценил:
Избрав тебя моей святыней,
Я власть у ног твоих сложил.
Твоей любви я жду, как дара,
И вечность дам тебе за миг;
В любви, как в злобе, верь, Тамара,
Я неизменен и велик.
Тебя я, вольный сын эфира,
Возьму в надзвездные края;
И будешь ты царицей мира,
Подруга первая моя;
Без сожаленья, без участья
Смотреть на землю станешь ты,
Где нет ни истинного счастья,
Ни долговечной красоты,
Где преступленья лишь да казни,
Где страсти мелкой только жить;
Где не умеют без боязни
Ни ненавидеть, ни любить.
Иль ты не знаешь, что такое
Людей минутная любовь?

Your worth. I have chosen you my own!
I lay before your feet my power.
Your love as a boon I am awaiting;
I give you life, eternity;
I shall be as great in constancy
And love as I was great in hating.
A spirit of the trackless air,
I will enthrone you high above
The everlasting stars, my fair
First-chosen and exalted love!
Without regret and vain compassion
You shall regard this wretched earth,
Where happiness too soon grows ashen
And beauty languishes from birth,
Where crimes abound and tortures flourish,
Where passions wither year by year,
Where men no love or hatred nourish,
But live in constant craven fear.
Behold their fleeting loves, in truth
No more than pulsing blood of youth! —
Years pass away; their blood runs cold,
Whose love can strive with separation,
Resist new beauty and temptation,
Our weariness and grief of old,
Alone with dreams of adoration?
No, beloved! 'tis not your fate
To languish in a living grave
In silence, with a brutish mate,
Of cruel jealousy the slave,
Among the base and stony-hearted,
Deceiving friends and secret foes,
With empty fear and hope departed,
Vain cares and unavailing woes.
You shall not wither then in sadness
Behind stone walls, with prayer all wan,
Insensible to love and gladness,
And far alike from God and man
Removed. Tamára, you are fated
For greater bliss by destiny,
For highest love predestinated
Of suffering and ecstasy.
Forget the loveless and the dead
And leave mankind unto their fate!
I will reveal to you instead
The fountains of a purer state;
My hosts of spirits and the faery
Legions will serve you at your feet,

Волненье крови молодое, —
Но дни бегут и стынет кровь!
Кто устоит против разлуки,
Соблазна новой красоты,
Против усталости и скуки
И своенравия мечты?
Нет! не тебе, моей подруге,
Узнай, назначено судьбой
Увянуть молча в тесном круге
Ревнивой грубости рабой,
Средь малодушных и холодных,
Друзей притворных и врагов,
Боязней и надежд бесплодных,
Пустых и тягостных трудов!
Печально за стеной высокой
Ты не угаснешь без страстей,
Среди молитв, равно далеко
От Божества и от людей.
О нет, прекрасное созданье,
К иному ты присуждена;
Тебя иное ждет страданье,
Иных восторгов глубина;
Оставь же прежние желанья
И жалкий свет его судьбе:
Пучину гордого познанья
Взамен открою я тебе.
Толпу духов моих служебных
Я приведу к твоим стопам;
Прислужниц легких и волшебных
Тебе, красавица, я дам;
И для тебя с звезды восточной
Сорву венец я золотой;
Возьму с цветов росы полночной;
Его усыплю той росой;
Лучом румяного заката
Твой стан, как лентой, обовью;
Дыханьем чистым аромата
Окрестный воздух напою;
Всечасно дивною игрою
Твой слух лелеять буду я;
Чертоги пышные построю
Из бирюзы и янтаря;
Я опущусь на дно морское,
Я полечу за облака,
Я дам тебе всё, всё земное —
Люби меня!..

O lovely bride, and spirits aery
Will follow in your sovran suite.
And from the eastern star at even
I will pluck for you a golden crown,
And midnight dew and blooms of heaven
Will gleam as diamonds in your gown;
I will engird your form around
With rosy rays of sunset shining;
I will in balm and magic sound
Bestow the sunset eve enshrining
The vaster music of the air;
And I will rear a splendid chamber,
A pleasant hall with bowers rare
Of turquoises and clearest amber.
I will dive below the sea, and rise
On swiftest wings above the skies,
To give all to you of life and bliss!
Be mine, Tamára!..

11

With a kiss

Her trembling lips he quickly presses;
To faint entreaties he replies
With words seductive, with caresses,
Deep passion brooding in his eyes,
A searing flame. Like a sword of light
He gleamed in dark of endless night,
Relentless, poised as if to smite.
The Demon triumphed. His caress
As venom quickly pierced her heart;
An aching cry of wild distress
A moment rent the night apart,
A cry that rang a tale heart-breaking
Of suffering, and love, and strife,
Reproach, disconsolate leave-taking, —
Her sad farewell to youth and life.

12

At that late hour, a lonely sentry
Was pacing slow his wonted round
Beneath the walls when, by the entry
Of the convent cell, he heard a sound;
And slackening his pace, the kind
Old watchman paused before the gate
To listen, troubled in his mind,
His hand upon the iron plate.
In the surrounding night alone,

XI

И он слегка
Коснулся жаркими устами
Ее трепещущим губам;
Соблазна полными речами
Он отвечал ее мольбам.
Могучий взор смотрел ей в очи!
Он жег ее. Во мраке ночи
Над нею прямо он сверкал,
Неотразимый, как кинжал.
Увы! злой дух торжествовал!
Смертельный яд его лобзанья
Мгновенно в грудь ее проник.
Мучительный, ужасный крик
Ночное возмутил молчанье.
В нем было всё: любовь, страданье,
Упрек с последнею мольбой
И безнадежное прощанье —
Прощанье с жизнью молодой.

XII

В то время сторож полуночный,
Один вокруг стены крутой
Свершая тихо путь урочный,
Бродил с чугунною доской,
И возле кельи девы юной
Он шаг свой мерный укротил
И руку над доской чугунной,
Смутясь душой, остановил.
И сквозь окрестное молчанье,
Ему казалось, слышал он
Двух уст согласное лобзанье,
Минутный крик и слабый стон.
И нечестивое сомненье
Проникло в сердце старика...
Но пронеслось еще мгновенье,
И стихло всё; издалека
Лишь дуновенье ветерка
Роптанье листьев приносило,
Да с темным берегом уныло
Шепталась горная река.
Канон угодника святого
Спешит он в страхе прочитать,
Чтоб наважденье духа злого
От грешной мысли отогнать;
Крестит дрожащими перстами
Мечтой взволнованную грудь

It seemed to him that he could hear
A sound of yielding lips, a moan,
And then a stifled cry. In fear
He waited, dreading the unknown
And deep in wonder... Far and near
The night lay still; a moment sped.
Perhaps it was a fancied dream,
The whisper of a passing breeze
With murmur of the leaves in trees;
Perhaps a mournful mountain stream
Was tossing softly in its bed.
Then hurriedly he said a prayer
To quell his sinful doubts, to shun
Suspicion in his mind, the snare
Set ready by the evil one.
He crossed himself, praying for grace
Against each evil spell and sound,
And, silent, strode with quicker pace
Again upon his wonted round...

13

In beauty like a peri dreaming,
Tamára in her coffin lay,
And whiter than her cover gleaming
Her pallid brow, as clear as day.
Forever closed her eyes in sleep...
But who, O Heaven, would not say
A lover's kiss or dawn of day
Would not awaken her from dreaming,
Her death an unsubstantial seeming?
But all in vain the golden rays
Caress her, and for many days
In vain, with speechless grief and sighs,
Her kinsfolk kiss those lips and eyes.
No power, not of human breath
Or hand, can break the seal of death!

14

Never before Tamára's dresses
Had shown so rich and rainbow-bright,
Not even on her festal night!
Wild native flowers in her tresses,
As ancient usages demand,
And blooms held tightly in her hand
Sent lovingly their sweetness forth,
As if they bade farewell to earth!
So still she lay, her pallid face

И молча, скорыми шагами
Обычный продолжает путь.
. . . .

XIII

Как пери спящая мила,
Она в гробу своем лежала,
Белей и чище покрывала
Был томный цвет ее чела.
Навек опущены ресницы...
Но кто б, о небо! не сказал,
Что взор под ними лишь дремал
И, чудный, только ожидал
Иль поцелуя иль денницы?
Но бесполезно луч дневной
Скользил по ним струей златой,
Напрасно их в немой печали
Уста родные целовали...
Нет! смерти вечную печать
Ничто не в силах уж сорвать!

XIV

Ни разу не был в дни веселья
Так разноцветен и богат
Тамары праздничный наряд.
Цветы родимого ущелья
(Так древний требует обряд)
Над нею льют свой аромат
И, сжаты мертвою рукою,
Как бы прощаются с землею!
И ничего в ее лице
Не намекало о конце
В пылу страстей и упоенья;
И были все ее черты
Исполнены той красоты,
Как мрамор, чуждой выраженья,
Лишенной чувства и ума,
Таинственной, как смерть сама.
Улыбка странная застыла,
Мелькнувши по ее устам.
О многом грустном говорила
Она внимательным глазам:
В ней было хладное презренье
Души, готовой отцвести,
Последней мысли выраженье,
Земле беззвучное *прости*.
Напрасный отблеск жизни прежней,

Bore no intimation nor a trace
Of her last ecstasy and passion;
The peace of beauty and of grace
Appeared imprisoned in her face
Serene with marbled cold dispassion,
Devoid of feeling, mind, or breath,
Mysterious as the face of death.
A smile surpassing strange, congealing,
Lay fleeting as a shadow lies,
Too visibly great grief revealing
To all discerning, watchful eyes;
There fleeted on her lips, disdainful,
A spirit long resigned to die,
The mind's expression of a painful
Experience, and a mute goodbye.
That smile declared her earthly being
Was but a lifeless form, unseeing,
Deserted, never to arise,
The light extinguished in her eyes.
Thus, when the sun is sinking low
In glowing waves of molten gold,
The mountain peaks still briefly hold
The glimmer of the afterglow;
But icy heights in dying light
Send forth no comfort in their rays,
No hope into the desert night
For men who walk the barren ways.

15

A crowd of kin and friends assembled
To take Tamára to her rest.
In his despair, with hands that trembled,
And beating wild his aged breast,
Her father mounted then his horse.
The long procession, sad and slow,
In silence moved upon its course
Three days, three nights, in wind and snow.
Among the tombs of kinsfolk brave,
They had prepared Tamára's grave.
Goudál's forefather of long ago,
Who raided many a helpless village,
Had vowed, when illness struck him low,
In penance for his deeds of pillage,
To build a chapel on a lonely
Mountain peak of snow, where only
The vultures of the desert soar,
Where storm winds shrilly sing and roar.

Она была еще мертвей,
Еще для сердца безнадежней
Навек угаснувших очей.
Так в час торжественный заката,
Когда, растаяв в море злата,
Уж скрылась колесница дня,
Снега Кавказа, на мгновенье
Отлив румяный сохраня,
Сияют в темном отдаленье.
Но этот луч полуживой
В пустыне отблеска не встретит;
И путь ничей он не осветит
С своей вершины ледяной!..

XV

Толпой соседи и родные
Уж собрались в печальный путь.
Терзая локоны седые,
Безмолвно поражая грудь,
В последний раз Гудал садится
На белогривого коня,
И поезд тронулся. Три дня,
Три ночи путь их будет длиться:
Меж старых дедовских костей
Приют покойный вырыт ей.
Один из праотцев Гудала,
Грабитель странников и сёл,
Когда болезнь его сковала
И час раскаянья пришел,
Грехов минувших в искупленье
Построить церковь обещал
На вышине гранитных скал,
Где только вьюги слышно пенье,
Куда лишь коршун залетал.
И скоро меж снегов Казбека
Поднялся одинокий храм,
И кости злого человека
Вновь успокоилися там;
И превратилася в кладбище
Скала, родная облакам:
Как будто ближе к небесам
Теплей посмертное жилище?..
Как будто дальше от людей
Последний сон не возмутится...
Напрасно! мертвым не приснится
Ни грусть, ни радость прошлых дней...

And soon amid the towering snows
A solitary shrine had risen —
And give his bones their last repose.
A robber's body to emprison
And give his bones their last repose.
The mountain crag of cloud and sound
Became a human burial ground,
As though the grave is warmer, dearer
Afar from bustling crowds, and nearer
To God — with peace eternal crowned.
Vain thought! The dead will not again
Dream days of happiness or pain...

16

In azure skies of boundless space
The guardian angel, glorifying
God, upon golden wings was flying,
And within his merciful embrace
He bore a sinful soul. Her fears
With tender words of consolation
He washed away with angel tears
And song of heavenly salvation.
They heard celestial strains resounding
From realms of Paradise afar,
When, sudden, in the air surrounding
The Demon soared, their way to bar.
His might was like a whirlwind loud;
He shone as lightning flashes shine,
And in his frenzied rage, with loud
Defiance, thundered, «She is mine!»
She clasped the Angel in her fear
And terror of the Demon close
Who challenged in the starry sphere
Her fate for bliss or woe. He rose
Before her, dreadful and morose
In ancient might. His glance of flame
Was full of vengeance and of wrath,
With hatred vast upon his breath;
A charnel house of hate, his frame
Was unchangeable and bleak as death.

«Hence, fiend of darkness!» in reply
Rang out afar the Angel's voice:
«No more shall powers of Hell rejoice!
The hour of judgment now is nigh,
And God is merciful on high.
Her days of suffering are fled;

XVI

В пространстве синего эфира
Один из ангелов святых
Летел на крыльях золотых,
И душу грешную от мира
Он нес в объятиях своих.
И сладкой речью упованья
Ее сомненья разгонял,
И след проступка и страданья
С нее слезами он смывал.
Издалека уж звуки рая
К ним доносилися — как вдруг,
Свободный путь пересекая,
Взвился из бездны адский дух.
Он был могущ, как вихорь шумный,
Блистал, как молнии струя,
И гордо в дерзости безумной
Он говорит: «Она моя!»

К груди хранительной прижалась,
Молитвой ужас заглуша,
Тамары грешная душа.
Судьба грядущего решалась,
Пред нею снова он стоял,
Но, Боже! — кто б его узнал?
Каким смотрел он злобным взглядом,
Как полон был смертельным ядом
Вражды, не знающей конца, —
И веяло могильным хладом
От неподвижного лица.

«Исчезни, мрачный дух сомненья! —
Посланник неба отвечал: —
Довольно ты торжествовал;
Но час суда теперь настал —
И благо Божие решенье!
Дни испытания прошли;
С одеждой бренною земли
Оковы зла с нее ниспали.
Узнай! давно ее мы ждали!
Ее душа была из тех,
Которых жизнь — одно мгновенье
Невыносимого мученья,
Недосягаемых утех:
Творец из лучшего эфира
Соткал живые струны их,

Fallen the chains of sin she hated,
And all her wrongs and faults are dead.
Her coming we have long awaited.
So brief her life, her life of sorrow
And dull immovable despair,
Her spirit mounting from her birth
To God in dreams of bliss each morrow!
God made her soul surpassing fair,
And wove her chords in light and love;
Not fated for the loveless earth
Her radiant and gentle air.
She has redeemed with bitter sighs
And tears her doubts — to rise above
Her suffering, and Paradise
Receives today its child of love!»
The Angel on the Tempter bending
With stern reproval in his eyes,
Spread wide his wings, in joy ascending
Across the ether of the skies.
The Demon cursed his loss and yearning,
The mad, wild dream his fancy wove;
Alone, with pride of spirit burning,
Alone in space, all living spurning,
He stood, — devoid of hope or love!..

Upon a steep and craggy hill
Above the valley of Koishaur,
Today a wayfarer can still
Behold in ruins an ancient tower,
And hear the legends that amaze
The young; by rumor and tradition
It stands a speechless apparition,
A witness of enchanted days,
Grim-frowning in the trees. Darkling
It looms, while in the vale below
The village huts and fields lie sparkling
With meadows green where blossoms glow,
With mingled hum of men, and rumbling
Of caravans upon their way,
With rushing streams and rapids tumbling
In sparkling foam and silver spray.
With smiles and gladdening young voices
There life eternally rejoices,
All careless, like a child in fun,
With coolness, dew, and springtime sun.

Они не созданы для мира,
И мир был создан не для них!
Ценой жестокой искупила
Она сомнения свои...
Она страдала и любила —
И рай открылся для любви!»

И Ангел строгими очами
На искусителя взглянул,
И, радостно взмахнув крылами,
В сиянье неба потонул.
И проклял Демон побежденный
Мечты безумные свои,
И вновь остался он, надменный,
Один, как прежде, во вселенной
Без упованья и любви!..

———————

На склоне каменной горы
Над Койшаурскою долиной
Еще стоят до сей поры
Зубцы развалины старинной.
Рассказов, страшных для детей,
О них еще преданья полны...
Как призрак, памятник безмолвный,
Свидетель тех волшебных дней,
Между деревьями чернеет.
Внизу рассыпался аул,
Земля цветет и зеленеет;
И голосов нестройный гул
Теряется, и караваны
Идут звеня издалека,
И, низвергаясь сквозь туманы,
Блестит и пенится река.
И жизнью вечно молодою,
Прохладой, солнцем и весною
Природа тешится шутя,
Как беззаботная дитя.

Но грустен замок, отслуживший
Когда-то в очередь свою,
Как бедный старец, переживший
Друзей и милую семью.
И только ждут луны восхода
Его незримые жильцы:
Тогда им праздник и свобода!
Жужжат, бегут во все концы.

All dark the castle stands, its glory
Still lingering beyond its prime,
Like an aged man alone and hoary
Surviving all his friends in time.
Alone its habitants await
The rising moon with evening light,
To swarm abroad and celebrate
With buzzing glee the phantom night:
The spider like a hermit grey
Begins his web of warp and woof;
A group of lizards darting play
Unheeding on the sunken roof;
From a gloomy crevice of his hiding
Along the broken porch of stone
The wary snake comes slowly gliding,
Now curled in triple rings, now grown
Into a gleaming stripe, abiding
Like a brightly shining sword found
Abandoned upon a battle ground
In grass... There's nothing to remind
One of the past left long behind,
Effaced with care by time where all
Remains now desolate and wild.
No longer lives in fame Goudál,
Or fair Tamára, his lovely child.

But still the chapel to this hour
Stands high upon the mountain peak
Among the clouds and boulders bleak,
Protected by some holy power.
Beside its gate, in silent might,
Stand as on watch dark granite shapes
Hidden beneath their snowy capes,
And on their breasts, like armor bright,
Eternal ice in blazing light.
The massive boulders without number
Hang vast and frowning like a wall,
As if the frost had chained in slumber
The avalanches in their fall.
And there the blizzard on its round
Whirls high the snow as dust in flying,
Then chants a weary droning sound
Unto the ice-bound sentries crying.
The news about that church divine
Goes round the earth, and lone the clouds
From out the East in pilgrim crowds
Come trooping to the wondrous shrine;

Седой паук, отшельник новый,
Прядет сетей своих основы;
Зеленых ящериц семья
На кровле весело играет;
И осторожная змея
Из темной щели выползает
На плиту старого крыльца,
То вдруг совьется в три кольца,
То ляжет длинной полосою
И блещет, как булатный меч,
Забытый в поле давних сеч,
Ненужный падшему герою!..
Всё дико; нет нигде следов
Минувших лет: рука веков
Прилежно, долго их сметала,
И не напомнит ничего
О славном имени Гудала,
О милой дочери его!

Но церковь на крутой вершине,
Где взяты кости их землей,
Хранима властию святой,
Видна меж туч еще поныне.
И у ворот ее стоят
На страже черные граниты,
Плащами снежными покрыты;
И на груди их вместо лат
Льды вековечные горят.
Обвалов сонные громады
С уступов, будто водопады,
Морозом схваченные вдруг,
Висят нахмурившись вокруг.
И там метель дозором ходит,
Сдувая пыль со стен седых,
То песню долгую заводит,
То окликает часовых;
Услыша вести в отдаленье
О чудном храме, в той стране,
С востока облака одне
Спешат толпой на поклоненье;
Но над семьей могильных плит
Давно никто уж не грустит.
Скала угрюмого Казбека
Добычу жадно сторожит,
И вечный ропот человека
Их вечный мир не возмутит.

1839

But no one comes a tear to shed,
To mourn Goudál, or Tamára dead.
Kazbék in giant gloom guards ever
His prize within his icy breast,
And man's unresting life will never
Disturb their everlasting rest.

Translated by Eugene M. Kayden

МЦЫРИ*

Вкушая, вкусих мало меда и се аз умираю.
1-я Книга царств.

1

Немного лет тому назад,
Там, где сливаяся шумят,
Обнявшись, будто две сестры,
Струи Арагвы и Куры,
Был монастырь. Из-за горы
И нынче видит пешеход
Столбы обрушенных ворот,
И башни, и церковный свод;
Но не курится уж под ним
Кадильниц благовонный дым,
Не слышно пенье в поздний час
Молящих иноков за нас.
Теперь один старик седой,
Развалин страж полуживой,
Людьми и смертию забыт,
Сметает пыль с могильных плит,
Которых надпись говорит
О славе прошлой — и о том,
Как удручен своим венцом,
Такой-то царь, в такой-то год
Вручал России свой народ.

И Божья благодать сошла
На Грузию! — она цвела
С тех пор в тени своих садов,
Не опасаяся врагов,
За гранью дружеских штыков.

---

* *Мцыри* — на грузинском языке значит «неслужащий монах», нечто вроде «послушника». (*Примечание Лермонтова*).

THE NOVICE[*]

I did but taste a little honey, and, lo, I must die.
1 Samuel XIV 43

I

Once, not so many years ago,
where soundingly together flow
Aragva and Kurá — the place
where, like two sisters, they embrace —
there stood a monastery. Still
the traveller who comes down the hill
sees pillars of a crumbling gate,
towers, a church's vaulted state;
but from it now there's no perfume
of incense smoking in the gloom;
and late at night no chanting rolls,
no monks are praying for our souls.
Just an old watchman, feeble, gray,
attends the ruined church today;
by men forgotten he has been,
also by death, as he sweeps clean
gravestones with legends which keep green
tales of past fame — of how, worn down
beneath the burden of his crown,
a certain king conveyed his land,
in such a year, to Russia's hand.
And so heaven's benediction fell
on Georgia! — it has blossomed well;
the hedge that friendly bayonets made
since then has kept it unafraid,
enclosed in its own garden-shade.

---

[*] *Mtsyri* in the Georgian language means «a monk who does not serve», something in the nature of a «novice». (*Lermontov's note*).

2

Однажды русский генерал
Из гор к Тифлису проезжал;
Ребенка пленного он вез.
Тот занемог, не перенес
Трудов далекого пути.
Он был, казалось, лет шести;
Как серна гор, пуглив и дик
И слаб и гибок, как тростник.
Но в нем мучительный недуг
Развил тогда могучий дух
Его отцов. Без жалоб он
Томился — даже слабый стон
Из детских губ не вылетал,
Он знаком пищу отвергал,
И тихо, гордо умирал.
Из жалости один монах
Больного призрел, и в стенах
Хранительных остался он,
Искусством дружеским спасен.
Но, чужд ребяческих утех,
Сначала бегал он от всех,
Бродил безмолвен, одинок,
Смотрел вздыхая на восток,
Томим неясною тоской
По стороне своей родной.
Но после к плену он привык,
Стал понимать чужой язык,
Был окрещен святым отцом,
И, с шумным светом незнаком,
Уже хотел во цвете лет
Изречь монашеский обет,
Как вдруг однажды он исчез
Осенней ночью. Темный лес
Тянулся по горам кругом.
Три дня все поиски по нем
Напрасны были, но потом
Его в степи без чувств нашли
И вновь в обитель принесли;
Он страшно бледен был и худ
И слаб, как будто долгий труд,
Болезнь иль голод испытал.
Он на допрос не отвечал,
И с каждым днем приметно вял;
И близок стал его конец.
Тогда пришел к нему чернец

II

Down from the mountains rode one day
a Russian general, on his way
to Tiflis, with a prisoner-child —
the boy was ill, the road had piled
up too much effort for him: wild
as mountain chamois, about six,
pliant and weak as kindling-sticks.
But in him his exhausted plight
had called forth some ancestral might
of spirit. For however faint
he felt, no groan, no least complaint
passed those young lips; he thrust aside
all ordinary food; in pride
and in silence he all but died.
A monk took pity on the waif,
tended his malady, and safe
in sheltering walls he lived on there,
brought back to health by loving care.
At first, detesting childish fun,
he ran away from everyone,
and, roaming silent, all alone,
looked to the east with sigh and groan —
yearnings too deep to understand
turned him towards his native land.
But soon his prison sentence grew
familiar, the strange language too;
then, christened by that holy man,
he never knew the world; his plan
in the full prime of youth was now
to utter the monastic vow;
when suddenly, one autumn night,
he vanished — disappeared from sight.
Hills darkly wooded rose all round.
For three long days they searched the ground,
in vain; then on the steppe they found
him fainted, once more brought him in
back to the cloister; he was thin
and deathly pale and feeble too,
as from some fever he'd been through,
some hunger, while he'd been away,
or some ordeal. No word he'd say
to questions, visibly each day
he faded and approached his end.
Then came to him his reverend friend

С увещеваньем и мольбой;
И, гордо выслушав, больной
Привстал, собрав остаток сил,
И долго так он говорил:

3

«Ты слушать исповедь мою
Сюда пришел, благодарю.
Всё лучше перед кем-нибудь
Словами облегчить мне грудь;
Но людям я не делал зла,
И потому мои дела
Не много пользы вам узнать;
А душу можно ль рассказать?
Я мало жил, и жил в плену.
Таких две жизни за одну,
Но только полную тревог,
Я променял бы, если б мог.
Я знал одной лишь думы власть,
Одну — но пламенную страсть:
Она, как червь, во мне жила,
Изгрызла душу и сожгла.
Она мечты мои звала
От келий душных и молитв
В тот чудный мир тревог и битв,
Где в тучах прячутся скалы,
Где люди вольны, как орлы.
Я эту страсть во тьме ночной
Вскормил слезами и тоской;
Ее пред небом и землей
Я ныне громко признаю
И о прощенье не молю.

4

«Старик! я слышал много раз,
Что ты меня от смерти спас —
Зачем?.. угрюм и одинок,
Грозой оторванный листок,
Я вырос в сумрачных стенах,
Душой дитя, судьбой монах.
Я никому не мог сказать
Священных слов — «отец» и «мать».
Конечно, ты хотел, старик,
Чтоб я в обители отвык
От этих сладостных имен.
Напрасно: звук их был рожден
Со мной. Я видел у других

with exhortation and with prayer;
proudly the sufferer heard him there,
then raised himself with all the strength
still left him, and thus spoke at length:

III

«I thank you, sir, for coming here
for my confession. In your ear
words are the medicine that best
will ease the burden of my chest.
To others I have done no ill,
and so my actions for you will
be profitless to hear about —
or can a soul be detailed out?
I've lived my short life in duress.
No, two such lives — for one of stress
and terror, willingly I would
exchange them if I only could.
I've known one thought, one and the same,
a thought of passion and of flame:
worm-like, it lived in me; it ate
my soul away like fire in grate.
My dreams, from stifling cell's estate,
my prayers, it called to that brave world
where fears and battles are unfurled,
where lost in cloud are cliff and scree,
and where, like eagles, men are free.
This passion, in the dark midnight
nourished on tears, with all my might
to heaven and earth I shout today,
and for no pardon do I pray.

IV

«Often I've heard how you did save
me, sir, from an untimely grave —
for what?.. alone, and glum, and pale,
a leaf torn off by blast of gale,
I've grown up within walls of gloom,
in soul a child, a monk by doom.
«Mother» and «father» — holy sounds —
I could call no one; in the bounds
of sanctuary you hoped I'd lose
the natural human wish to use
these sweetest of all names. In vain:
they were inborn. Once and again
others I saw on every hand
with home, friends, parents, native land;

Отчизну, дом, друзей, родных,
А у себя не находил
Не только милых душ — могил!
Тогда, пустых не тратя слез,
В душе я клятву произнес:
Хотя на миг когда-нибудь
Мою пылающую грудь
Прижать с тоской к груди другой,
Хоть незнакомой, но родной.
Увы, теперь мечтанья те
Погибли в полной красоте,
И я, как жил, в земле чужой
Умру рабом и сиротой.

5

«Меня могила не страшит:
Там, говорят, страданье спит
В холодной, вечной тишине;
Но с жизнью жаль расстаться мне.
Я молод, молод... Знал ли ты
Разгульной юности мечты?
Или не знал, или забыл,
Как ненавидел и любил;
Как сердце билося живей
При виде солнца и полей
С высокой башни угловой,
Где воздух свеж и где порой
В глубокой скважине стены,
Дитя неведомой страны,
Прижавшись, голубь молодой
Сидит, испуганный грозой?
Пускай теперь прекрасный свет
Тебе постыл: ты слаб, ты сед,
И от желаний ты отвык.
Что за нужда? Ты жил, старик!
Тебе есть в мире что забыть,
Ты жил, — я также мог бы жить!

6

«Ты хочешь знать, что видел я
На воле? — Пышные поля,
Холмы, покрытые венцом
Дерев, разросшихся кругом,
Шумящих свежею толпой,
Как братья, в пляске круговой.
Я видел груды темных скал,
Когда поток их разделял,

for me, not only no one dear —
not even dear ones' tombs were here!
Then, without wasting time to weep,
I took an oath I swore to keep:
that at some time my burning breast
just for a moment should be pressed
against someone's, perhaps unknown,
yet from a land that was my own.
But now, alas, they're dead, those dreams
in the full beauty of their gleams,
and, as I've lived, I'll find my grave
in alien soil, an orphaned slave.

V

«I have no horror of the tomb:
they say that suffering, in that room,
sleeps in cold, everlasting calm.
But, to stop living, ...there's the harm.
I'm young, young... Have you never known
the dreams to which wild youth is prone?
Have you not known, have you forgot,
how hate was sharp, how love was hot;
how the heart beat more keenly while
from some tall battlemented pile
you saw the sun, the fields spread round,
and air was nipping, and you found
deep in the wall's recess sometimes
a huddled nursling from far climes —
a young dove that, driven in by fear
of raging storms, has fluttered here?
Perhaps the glorious world today
has cooled for you: you're weak, you're grey,
you've lost the habit of desire.
But you no longer need that fire.
You've got things to forget — for you,
you've lived — I wish I could live too!

VI

«You ask what I contrived to see
during the days while I was free?
Rich plains, and hills that trees had crowned,
woods running riot all around,
in whispering clusters, fresh as spring,
like brothers dancing in a ring.
And frowning cliffs I saw, whose heart
cleft by the torrent, beat apart;
I guessed their thoughts: diviner's art

И думы их я угадал:
Мне было свыше то дано!
Простерты в воздухе давно
Объятья каменные их,
И жаждут встречи каждый миг;
Но дни бегут, бегут года —
Им не сойтися никогда!
Я видел горные хребты,
Причудливые, как мечты,
Когда в час утренней зари
Курилися, как алтари,
Их выси в небе голубом,
И облачко за облачком,
Покинув тайный свой ночлег,
К востоку направляло бег —
Как будто белый караван
Залетных птиц из дальних стран!
В дали я видел сквозь туман,
В снегах, горящих как алмаз,
Седой, незыблемый Кавказ;
И было сердцу моему
Легко, не знаю почему.
Мне тайный голос говорил,
Что некогда и я там жил,
И стало в памяти моей
Прошедшее ясней, ясней.

7

«И вспомнил я отцовский дом,
Ущелье наше, и кругом
В тени рассыпанный аул;
Мне слышался вечерний гул
Домой бегущих табунов
И дальний лай знакомых псов.
Я помнил смуглых стариков,
При свете лунных вечеров
Против отцовского крыльца
Сидевших с важностью лица;
И блеск оправленных ножон
Кинжалов длинных... и, как сон,
Всё это смутной чередой
Вдруг пробегало предо мной.
А мой отец? он как живой
В своей одежде боевой
Являлся мне, и помнил я
Кольчуги звон, и блеск ружья,
И гордый непреклонный взор,

was given to me from on high!
their stone embracings in the sky
long since cut off, each day, each night,
they long, they thirst to reunite;
but years and ages pass in vain —
and never they shall join again!
And I saw mountain crests that seem
fantastical as any dream,
where, at the earliest hour of dawn,
as if from altars, smoke was drawn
up from the peaks into the blue,
and little clouds came swarming through,
leaving their secret sleeping-place,
turning to east their hurrying face —
in a white caravan, like bands
of birds flown in from distant lands!
Far off I saw, through vapoury strands,
where, glittering diamond of the snows,
grey bastion-Caucasus arose;
and then, for some strange reason, I
felt light of heart; in days gone by —
a secret voice so prompted me —
I'd lived there. I began to see
ever more clearly, now at last,
places and things from time long past.

VII

«And I remembered father's hall,
and our ravine, our village, all
in cool shadow dispersed around;
I heard the evening thunder-sound
as homing horses galloped through,
the distant bark of dogs I knew.
On moonlight evenings, memory traced
the row of elders, swarthy-faced,
who sat with serious looks before
my father's porch; no, I saw more,
I saw the chiselled scabbards gleam,
on their long daggers...like a dream
a row of pictures, indistinct,
came and before my vision winked.
My father, as in life, all prinked
in armour, stood there; chain-mail clinked
as I remembered; light ablaze
from rifle-barrels, and that gaze,
that proud, indomitable stare;

И молодых моих сестер...
Лучи их сладостных очей
И звук их песен и речей
Над колыбелию моей...
В ущелье там бежал поток,
Он шумен был, но не глубок;
К нему, на золотой песок,
Играть я в полдень уходил
И взором ласточек следил,
Когда они, перед дождем,
Волны касалися крылом.
И вспомнил я наш мирный дом
И пред вечерним очагом
Рассказы долгие о том,
Как жили люди прежних дней,
Когда был мир еще пышней.

8

«Ты хочешь знать, что делал я
На воле? Жил — и жизнь моя
Без этих трех блаженных дней
Была б печальней и мрачней
Бессильной старости твоей.
Давным-давно задумал я
Взглянуть на дальние поля,
Узнать, прекрасна ли земля,
Узнать, для воли иль тюрьмы
На этот свет родимся мы.
И в час ночной, ужасный час,
Когда гроза пугала вас,
Когда, столпясь при алтаре,
Вы ниц лежали на земле,
Я убежал. О, я как брат
Обняться с бурей был бы рад!
Глазами тучи я следил,
Рукою молнию ловил...
Скажи мне, что средь этих стен
Могли бы дать вы мне взамен
Той дружбы краткой, но живой,
Меж бурным сердцем и грозой?..

9

«Бежал я долго — где, куда,
Не знаю! ни одна звезда
Не озаряла трудный путь.
Мне было весело вдохнуть
В мою измученную грудь

and my young sisters too were there...
their sweet eyes shone, their voices rang,
once more I listened as they sang
over my crib... A torrent sprang
down our ravine; it roared, it rolled,
but it was shallow; on its gold
sands I would play at noon; my sight
pursued the swallows in their flight
as, when a storm of rain was due,
they grazed the water while they flew.
I saw again our peaceful hall;
at evening, round the hearth, we all
listened to tales that would recall
how men lived in days long since gone,
days when the world still brighter shone.

VIII

«What did I do, you seek to know,
while I had freedom? I *lived* — so
my life were sadder far than this
dotage of yours, had it to miss
those three days of perfected bliss.
It's long since I began to yearn
to see far fields, and to discern
if earth was beautiful — to learn
whether for freedom or for gaol
we come to this terrestrial vale.
So in that dreadful hour of night
when thunder struck you down with fright,
when by the altar, pressing round,
you lay all prostrate on the ground,
I fled. I'd have been glad to race,
to enfold in brotherly embrace
that storm! My gaze pursued each cloud,
my hands caught lightning-bolts... Speak loud,
tell me, inside this walled-in space
what would you give me to replace
the friendship, keen, though brief and frail,
that stormy hearts feel for the gale?

IX

«And so I ran, long hours and far,
I know not where! No single star
lighted me on my stumbling way.
Joyful it was for me to stray,
to let my tortured chest assay

Ночную свежесть тех лесов,
И только. Много я часов
Бежал, и наконец, устав,
Прилег между высоких трав;
Прислушался: погони нет.
Гроза утихла. Бледный свет
Тянулся длинной полосой
Меж темным небом и землей,
И различал я, как узор,
На ней зубцы далеких гор;
Недвижим, молча, я лежал.
Порой в ущелии шакал
Кричал и плакал, как дитя,
И гладкой чешуей блестя,
Змея скользила меж камней;
Но страх не сжал души моей:
Я сам, как зверь, был чужд людей
И полз и прятался, как змей.

10

«Внизу глубоко подо мной
Поток, усиленный грозой,
Шумел, и шум его глухой
Сердитых сотне голосов
Подобился. Хотя без слов,
Мне внятен был тот разговор,
Немолчный ропот, вечный спор
С упрямой грудою камней.
То вдруг стихал он, то сильней
Он раздавался в тишине;
И вот, в туманной вышине
Запели птички, и восток
Озолотился; ветерок
Сырые шевельнул листы;
Дохнули сонные цветы,
И, как они, навстречу дню,
Я поднял голову мою...
Я осмотрелся; не таю:
Мне стало страшно; на краю
Грозящей бездны я лежал,
Где выл, крутясь, сердитый вал;
Туда вели ступени скал;
Но лишь злой дух по ним шагал,
Когда, низверженный с небес,
В подземной пропасти исчез.

the midnight freshness of the wood —
no more that that. I ran a good
long while, and then, worn out at last,
lay on a tussock thickly grassed,
and listened: no sounds of a chase.
The storm had died. A feeble trace
of light, a radiance, seemed to lie
between the earth and the dark sky,
and, patterned on it, stood out plain
the peaks of a far mountain-chain.
Silent, unmoving and unseen,
I lay; at times, from the ravine,
like a small child, a jackal wailed,
and smoothly, glitteringly scaled,
between the stones a serpent slipped;
and yet my soul was never gripped
by fear: wild as a beast, I slid,
snakelike, away from man, and hid.

x

«Storm-swollen, on the lower ground
a torrent roared, and its dull sound
resembled closely, so I found,
a hundred angry voices. I
could understand this wordless cry,
this unformed murmur —endless shock
of wrangling with hard-fronted rock.
Now all at once the tumult fell
silent, now it began to swell
and break the stillness all about;
soon, on that misty height, rang out
the song of birds, and then the east
turned golden; suddenly released,
a breath shook leaves on every bough;
the sleepy flowers breathed perfume now,
and, like them, I saluted day,
looked out... and it's no shame to say,
as I peered round, I quaked with fear:
I had been lying on the sheer
brink of a frightful cliff; from here
an angry torrent, far below,
went whirling onward, and to show
the way down, steps cut in the face;
only a fiend expelled from grace,
thrown down from heaven, could ever dare
to seek hell's caverns down that stair.

11

«Кругом меня цвел божий сад;
Растений радужный наряд
Хранил следы небесных слез,
И кудри виноградных лоз
Вились, красуясь меж дерёв
Прозрачной зеленью листов;
И грозды полные на них,
Серег подобье дорогих,
Висели пышно, и порой
К ним птиц летал пугливый рой.
И снова я к земле припал,
И снова вслушиваться стал
К волшебным, странным голосам;
Они шептались по кустам,
Как будто речь свою вели
О тайнах неба и земли;
И все природы голоса
Сливались тут; не раздался
В торжественный хваленья час
Лишь человека гордый глас.
Всё, что я чувствовал тогда,
Те думы — им уж нет следа;
Но я б желал их рассказать,
Чтоб жить, хоть мысленно, опять.
В то утро был небесный свод
Так чист, что ангела полет
Прилежный взор следить бы мог;
Он так прозрачно был глубок,
Так полон ровной синевой!
Я в нем глазами и душой
Тонул, пока полдневный зной
Мои мечты не разогнал,
И жаждой я томиться стал.

12

«Тогда к потоку с высоты,
Держась за гибкие кусты,
С плиты на плиту я, как мог,
Спускаться начал. Из-под ног
Сорвавшись, камень иногда
Катился вниз — за ним бразда
Дымилась, прах вился столбом;
Гудя и прыгая, потом
Он поглощаем был волной;
И я висел над глубиной,
Но юность вольная сильна,

XI

«And, all around, God's garden bloomed.
Flowers that in bright raiment loomed
still kept a trace of tears divine,
and curling tendrils of the vine
wound brilliantly amid the sheen
cast by the leaves' pellucid green;
while, on them, heavy clusters slung
were like rich earrings as they hung
in splendour; sometimes to them flew
a flock of birds in timorous crew.
Once more I lay back on the ground,
once more I listened to that sound,
to those strange voices in the scrub
whispering away to every shrub
as if they had, by magic spell,
secrets of earth and sky to tell;
all nature's voices there were blurred
together; nowhere to be heard
one single human tongue to raise
the morning hour's majestic praise.
All that I felt then, all my mind
was thinking, left no trace behind;
if only I could tell it — then
just for a flash I'd live again.
Heaven's vault, it was so clear and chaste
that morning, sharp eyes could have traced
the flight of angels; through and through,
such even, deep, translucent blue!
My eyes and my soul drowned; but soon
under the blaze of sultry noon
my reveries were all dispersed
and I began to pine with thirst.

XII

«Then to the torrent from that height,
from crag to crag, as best I might,
clutching the pliant bushes, I
set off downhill. A rock would fly
from underfoot, and roll and bound;
smoking, the dust behind it wound;
it rumbled down, with jump and thud,
and then was swallowed in the flood;
dangling, I hung above the scree,
but death held no alarms for me,
for hands are strong when youth is free!

И смерть казалась не страшна!
Лишь только я с крутых высот
Спустился, свежесть горных вод
Повеяла навстречу мне,
И жадно я припал к волне.
Вдруг голос — легкий шум шагов...
Мгновенно скрывшись меж кустов,
Невольным трепетом объят,
Я поднял боязливый взгляд,
И жадно вслушиваться стал.
И ближе, ближе всё звучал
Грузинки голос молодой,
Так безыскусственно живой,
Так сладко вольный, будто он
Лишь звуки дружеских имен
Произносить был приучен.
Простая песня то была,
Но в мысль она мне залегла,
И мне, лишь сумрак настает,
Незримый дух ее поет.

13

«Держа кувшин над головой,
Грузинка узкою тропой
Сходила к берегу. Порой
Она скользила меж камней,
Смеясь неловкости своей.
И беден был ее наряд;
И шла она легко, назад
Изгибы длинные чадры
Откинув. Летние жары
Покрыли тенью золотой
Лицо и грудь ее; и зной
Дышал от уст ее и щек.
И мрак очей был так глубок,
Так полон тайнами любви,
Что думы пылкие мои
Смутились. Помню только я
Кувшина звон, — когда струя
Вливалась медленно в него,
И шорох... больше ничего.
Когда же я очнулся вновь
И отлила от сердца кровь,
Она была уж далеко;
И шла хоть тише, — но легко,
Стройна под ношею своей,
Как тополь, царь ее полей!

As I groped down the steep descent,
the mountain water's freshness went
aloft to meet me, and I fell
thirstily on the torrent-swell.
Then, all at once, a voice — and light
footfalls... and in instinctive fright
I ducked behind the scrub, and out
timidly I peered round about,
I listened with a kind of thirst.
And ever nearer, burst by burst,
the Georgian maiden's singing rang;
with such an artlessness she sang,
so sweet and clear and free her tone,
you'd think she'd learnt to sing alone
the names of loved ones of her own.
Nothing more simple than that strain,
but in my thought it lodged; again
at nightfall I can hear it ring,
as if, unseen, her soul should sing.

XIII

«Holding her pitcher on her head,
the maiden took the path that led
down to the mountain torrent's bed.
Sometimes, on rock, her foothold slipped;
she laughed as awkwardly she tripped.
Her dress was humble; down the track
she walked lightfooted and brushed back
her winding *chadra*. Sultry days
had covered in a golden haze
her face, her breast; and summer's glow
breathed from her mouth and cheeks. But so
deep was the darkness of her eyes,
so full of secrets to surmise,
love-secrets, that my head went round.
All I remember is the sound
the jug made as it slowly drowned,
a murmuring through the torrent flood...
When I came to, and when the blood
had flowed back from my heart, she'd gone
some distance off; as she walked on,
slow, yet lightfooted, straight and trim
beneath her load, she was as slim
as any poplar-tree that stands
and queens it over neighbouring lands!
Not far away, in close embrace,

Недалеко, в прохладной мгле,
Казалось, приросли к скале
Две сакли дружною четой;
Над плоской кровлею одной
Дымок струился голубой.
Я вижу будто бы теперь,
Как отперлась тихонько дверь...
И затворилася опять!..
Тебе, я знаю, не понять
Мою тоску, мою печаль;
И если б мог, — мне было б жаль:
Воспоминанья тех минут
Во мне, со мной пускай умрут.

14

«Трудами ночи изнурен,
Я лег в тени. Отрадный сон
Сомкнул глаза невольно мне...
И снова видел я во сне
Грузинки образ молодой.
И странной, сладкою тоской
Опять моя заныла грудь.
Я долго силился вздохнуть —
И пробудился. Уж луна
Вверху сияла, и одна
Лишь тучка кралася за ней,
Как за добычею своей,
Объятья жадные раскрыв.
Мир темен был и молчалив;
Лишь серебристой бахромой
Вершины цепи снеговой
Вдали сверкали предо мной,
Да в берега плескал поток.
В знакомой сакле огонек
То трепетал, то снова гас:
На небесах в полночный час
Так гаснет яркая звезда!
Хотелось мне... но я туда
Взойти не смел. Я цель одну,
Пройти в родимую страну,
Имел в душе, — и превозмог
Страданье голода, как мог.
И вот дорогою прямой
Пустился, робкий и немой.
Но скоро в глубине лесной
Из виду горы потерял
И тут с пути сбиваться стал.

two cabins grown from the rock-face
loomed through the chilly evening mist;
above one's roof, in a blue twist,
smoke rose. As now, I see again
how the door gently opened, then
it shut once more!.. For you, I know,
it's past conceiving why I'm so
brimful of yearning and so sad —
it's past conceiving, and I'm glad;
the memory of those moments I
would wish in me, with me to die.

XIV

«By the night's travail quite worn out
I lay down in the shades. Without
effort my eyes were sealed about
by blissful sleep... I saw once more
that Georgian girl and, as before,
a strange, sweet yearning came to break
my heart and make it pine and ache.
I fought, I fought to breathe — but soon
I woke up. And by now the moon
was high and shining; after it
a single cloudlet seemed to flit
with arms wide open for the embrace.
And the dark world was still; in space
far distant, ranges tipped with snow
sparkled away, and seemed to throw
a silhouette of silvery glow.
Splashing its banks, I heard the stream;
and in the cabin a faint gleam
would flicker up, and once more die;
just so, across the midnight sky,
a bright star shines, then dies up there!
I longed to... but I didn't dare
go over to the hut. I'd planned
one thing — to reach my native land;
one thing alone — so hunger's pain
I quelled as best I could. Again
I started on the straightest way,
timid, without a word to say —
but all a once began to stray
as soon as in the forest's night
I'd lost the mountains from my sight.

15

«Напрасно в бешенстве, порой,
Я рвал отчаянной рукой
Терновник, спутанный плющом:
Всё лес был, вечный лес кругом,
Страшней и гуще каждый час;
И миллионом черных глаз
Смотрела ночи темнота
Сквозь ветви каждого куста...
Моя кружилась голова;
Я стал влезать на дерева;
Но даже на краю небес
Всё тот же был зубчатый лес.
Тогда на землю я упал;
И в исступлении рыдал,
И грыз сырую грудь земли,
И слезы, слезы потекли
В нее горючею росой...
Но верь мне, помощи людской
Я не желал... Я был чужой
Для них навек, как зверь степной;
И если б хоть минутный крик
Мне изменил — клянусь, старик,
Я б вырвал слабый мой язык.

16

«Ты помнишь детские года:
Слезы не знал я никогда;
Но тут я плакал без стыда.
Кто видеть мог? Лишь темный лес,
Да месяц, плывший средь небес!
Озарена его лучом,
Покрыта мохом и песком,
Непроницаемой стеной
Окружена, передо мной
Была поляна. Вдруг по ней
Мелькнула тень, и двух огней
Промчались искры... и потом
Какой-то зверь одним прыжком
Из чащи выскочил и лег,
Играя, навзничь на песок.
То был пустыни вечный гость —
Могучий барс. Сырую кость
Он грыз и весело визжал;
То взор кровавый устремлял,
Мотая ласково хвостом,
На полный месяц, — и на нем

XV

«In my despair, to no avail,
I clutched, at moments on my trail,
some thorny bush, with ivy crowned:
eternal forest all around
grew denser, grimmer, every pace;
with million coal-black eyes, the face
of darkest night looked through the scrub,
peered through the twigs of every shrub...
My head was turning; for a time
I tried the trees, began to climb;
but always, on the horizon's edge,
the same woods rose in spire and wedge.
Then I threw myself down and lay
sobbing in a despairing way,
biting the earth's damp breast; a spell
of weeping came, and my tears fell
to ground in scalding streams of dew...
but help from men, I swear to you,
I'd have at no price... Through and through,
like a steppe beast, to all their crew
I felt a stranger; and if my
weak tongue had by the feeblest cry
betrayed me, reverend father, why,
I'd torn it out, as I may die.

XVI

«You will recall, no teardrop came
from me in childhood; all the same
I now was weeping without shame.
For who could see except the dark
forest, the moon high on its arc?
Lit by its rays, all floored with sand
and moss, I saw before me stand,
impenetrably walled, a glade.
Suddenly there, a flickering shade,
two sparks of fire that darted round...
from the dark forest in one bound
a creature sprang, rolled on its back,
lay playing on the sandy track.
It was the waste's eternal guest —
the huge snow-leopard? He caressed
a moistened bone, he gnawed it, squealed
for sheer enjoyment; then he wheeled
on the full moon his bloodshot eyes,
thumping his tail in friendliest wise —
his coat with silver gleams was shot.

Шерсть отливалась серебром.
Я ждал, схватив рогатый сук,
Минуту битвы; сердце вдруг
Зажглося жаждою борьбы
И крови... да, рука судьбы
Меня вела иным путем...
Но нынче я уверен в том,
Что быть бы мог в краю отцов
Не из последних удальцов.

17

«Я ждал. И вот в тени ночной
Врага почуял он, и вой
Протяжный, жалобный, как стон,
Раздался вдруг... и начал он
Сердито лапой рыть песок,
Встал на дыбы, потом прилег,
И первый бешеный скачок
Мне страшной смертию грозил...
Но я его предупредил.
Удар мой верен был и скор.
Надежный сук мой, как топор,
Широкий лоб его рассек...
Он застонал, как человек,
И опрокинулся. Но вновь,
Хотя лила из раны кровь
Густой, широкою волной,
Бой закипел, смертельный бой!

18

«Ко мне он кинулся на грудь;
Но в горло я успел воткнуть
И там два раза повернуть
Мое оружье... Он завыл,
Рванулся из последних сил,
И мы, сплетясь, как пара змей,
Обнявшись крепче двух друзей,
Упали разом, и во мгле
Бой продолжался на земле.
И я был страшен в этот миг;
Как барс пустынный, зол и дик,
Я пламенел, визжал, как он;
Как будто сам я был рожден
В семействе барсов и волков
Под свежим пологом лесов.
Казалось, что слова людей
Забыл я — и в груди моей

I waited for the fight; I'd got
in hand a cudgel — and on fire
my heart with sudden wild desire
for war and blood... yes, fate, I'll say,
has led me on a different way...
but if I'd lived at home, I swear
I'd never have been counted there
as one of those who feared to dare.

XVII

«I waited. Now, through shades of dark,
he smelt an enemy — and hark,
a sad howl, like a groan, drawn out,
came forth... In rage he set about
to paw and furrow up the sand,
he reared right up, as people stand,
he crouched, and his first furious leap
threatened me with eternal sleep.
But I forestalled him, and my stroke
was sure and swift. My cudgel broke
open his wide brow like an axe...
He toppled over in his tracks,
groaned like a man. But now once more,
though blood was streaming from his score
in a broad, thickly pulsing vein,
the mortal fight boiled up again.

XVIII

«He rushed my chest in one swift bound;
but with my weapon I had found
his throat, twice I had turned it round...
he whined, and with his final strength
began to jerk and twitch; at length,
like a snake-couple tight-enlaced,
more closely than two friends embraced,
we fell together, in dark night
continued on the ground our fight.
And at that moment I was wild
and fiercer than the desert's child,
the snow-leopard; like him, I blazed,
I howled — as if I had been raised
by leopards and by wolves beneath
the woods' cool overhanging sheath.
It seemed as if I'd lost the power
of human language — in that hour
my chest brought out a wild sound — why,

Родился тот ужасный крик,
Как будто с детства мой язык
К иному звуку не привык...
Но враг мой стал изнемогать,
Метаться, медленней дышать,
Сдавил меня в последний раз...
Зрачки его недвижных глаз
Блеснули грозно — и потом
Закрылись тихо вечным сном;
Но с торжествующим врагом
Он встретил смерть лицом к лицу,
Как в битве следует бойцу!..

19

«Ты видишь на груди моей
Следы глубокие когтей;
Еще они не заросли
И не закрылись; но земли
Сырой покров их освежит,
И смерть навеки заживит.
О них тогда я позабыл,
И, вновь собрав остаток сил,
Побрел я в глубине лесной...
Но тщетно спорил я с судьбой:
Она смеялась надо мной!

20

«Я вышел из лесу. И вот
Проснулся день, и хоровод
Светил напутственных исчез
В его лучах. Туманный лес
Заговорил. Вдали аул
Куриться начал. Смутный гул
В долине с ветром пробежал...
Я сел и вслушиваться стал;
Но смолк он вместе с ветерком.
И кинул взоры я кругом:
Тот край, казалось, мне знаком.
И страшно было мне, понять
Не мог я долго, что опять
Вернулся я к тюрьме моей;
Что бесполезно столько дней
Я тайный замысел ласкал,
Терпел, томился и страдал,
И все зачем?.. Чтоб в цвете лет,
Едва взглянув на Божий свет,
При звучном ропоте дубрав,

it seemed from childhood never I
had learned to make a different cry...
But weakness now crept on my foe,
he tossed, he turned, he breathed more slow,
he crushed me one last time... in ire
his staring pupils threatened fire —
then gently closed up in the deep
onset of everlasting sleep;
but, meeting death, he knew to keep
facing it and his conquering foe,
the way a fighting man should go!

XIX

«You see these deep scars on my chest
scooped where the leopard-talons pressed;
they haven't grown together, still
they gape; but earth's damp cover will
bring them the freshness of the field,
by death for ever they'll be healed.
I forgot all about them then,
called my reserves of strength again,
in deepest forest plunged in straight...
But all in vain my fight with fate:
it laughed at me and my estate!

XX

«I left the woodland. Now the day
was waking up; before its ray
the dance of travelling stars went out.
Then the dark forest all about
began to talk. From an *aül*
far off, smoke started up. A full
boom from the gorge, a voiceless hum
blew on the wind... I heard it come,
I sat and listened; but it died
just as the breeze did. Far and wide
I turned my gaze: that countryside,
surely I knew it? And a strong
terror came over me, for long
I couldn't credit that once more
I'd headed back to prison; or
that all these days I'd spent in vain
nursing my secret hope — the pain,
the yearning patience every hour,
and all for what?.. That in the flower
of years, and hardly having seen
God's world, that having scarcely been

Блаженство вольности познав,
Унесть в могилу за собой
Тоску по родине святой,
Надежд обманутых укор
И вашей жалости позор!..
Еще в сомненье погружен,
Я думал — это страшный сон...
Вдруг дальний колокола звон
Раздался снова в тишине
И тут всё ясно стало мне...
О! я узнал его тотчас!
Он с детских глаз уже не раз
Сгонял виденья снов живых
Про милых ближних и родных,
Про волю дикую степей,
Про легких, бешеных коней,
Про битвы чудные меж скал,
Где всех один я побеждал!..
И слушал я без слез, без сил.
Казалось, звон тот выходил
Из сердца — будто кто-нибудь
Железом ударял мне в грудь.
И смутно понял я тогда,
Что мне на родину следа
Не проложить уж никогда.

21

«Да, заслужил я жребий мой!
Могучий конь в степи чужой,
Плохого сбросив седока,
На родину издалека
Найдет прямой и краткий путь...
Что я пред ним? Напрасно грудь
Полна желаньем и тоской:
То жар бессильный и пустой,
Игра мечты, болезнь ума.
На мне печать свою тюрьма
Оставила... Таков цветок
Темничный: вырос одинок
И бледен он меж плит сырых,
И долго листьев молодых
Не распускал, всё ждал лучей
Живительных. И много дней
Прошло, и добрая рука
Печалью тронулась цветка,
И был он в сад перенесен,
В соседство роз. Со всех сторон

allowed in murmuring woods to know
the bliss of freedom, I must go
and carry with me to the tomb
the longing for my home, the gloom
of cheated hope and of self-blame,
of your compassion and its shame!..
Still sunk in doubt, I lingered there,
I thought it all was some nightmare...
Suddenly in the silence fell
once more the distant tolling bell
and all was lucid in no time...
At once I'd recognised its chime!
How often from my childish eyes
it had chased out the bright disguise
of dreamland, forms of kith and kin,
the steppe's wild liberty, the spin
of lightfoot horses, and the shocks
of splendid fights among the rocks,
and I the winner!.. So I heard,
tearless and strengthless. In a word
it seemed my heart was where the chime
came from — as if someone each time
struck it with iron. Then I knew,
though vaguely, nothing I could do
would to my homeland bring me through.

XXI

«Yes, I've deserved my destined course!
On the strange steppe a mighty horse,
with its unskillful rider thrown,
from far off will find out alone
the straightest, shortest homeward way...
I cannot equal him. Each day
in vain my heart desires and yearns;
feeble the flame with which it burns,
plaything of dreams, malaise of mind.
On me my prison left behind
its brand... Just so there grows in gaol
on the wet flags, alone and pale,
a blossom, and long time puts out
no youthful leaves, but waits about,
languishing for life-giving rays.
It waits, and there pass many days
till some kind hand, touched by the grief
of the poor bloom, to bring relief
moves it to a rose-garden, where
from every side there breathes an air

Дышала сладость бытия...
Но что ж? Едва взошла заря,
Палящий луч ее обжег
В тюрьме воспитанный цветок...

22

«И как его, палил меня
Огонь безжалостного дня.
Напрасно прятал я в траву
Мою усталую главу;
Иссохший лист ее венцом
Терновым над моим челом
Свивался, и в лицо огнем
Сама земля дышала мне.
Сверкая быстро в вышине,
Кружились искры; с белых скал
Струился пар. Мир Божий спал
В оцепенении глухом
Отчаянья тяжелым сном.
Хотя бы крикнул коростель,
Иль стрекозы живая трель
Послышалась, или ручья
Ребячий лепет... Лишь змея,
Сухим бурьяном шелестя,
Сверкая желтою спиной,
Как будто надписью златой
Покрытый донизу клинок,
Браздя рассыпчатый песок,
Скользила бережно; потом,
Играя, нежася на нем,
Тройным свивалася кольцом;
То, будто вдруг обожжена,
Металась, прыгала она
И в дальних пряталась кустах...

23

«И было всё на небесах
Светло и тихо. Сквозь пары
Вдали чернели две горы,
Наш монастырь из-за одной
Сверкал зубчатою стеной.
Внизу Арагва и Кура,
Обвив каймой из серебра
Подошвы свежих островов,
По корням шепчущих кустов
Бежали дружно и легко...
До них мне было далеко!

of life and sweetness... But, once there,
no sooner comes the sunrise hour
than with its incandescent power
it scorches the gaol-nurtured flower.

XXII

«Just like that blossom, I was burned
by day's remorseless fire. I turned
to no avail my weary head,
I hid it in the grass; instead
my brow by withered leaf was wreathed
in thorny crown, and the earth breathed
into my face its breath of flame.
High up above me circling came
motes in the sun; the vapour steamed
from the white rocks. God's whole world seemed
numbed in a heavy slumber there,
the deep dull slumber of despair.
If only a corncrake from the hill
had called; if only the quick trill
of dragonfly wings, or a rill
childishly chattering... Just a snake
was rustling through the dried-up brake;
across its yellow back, light played
as if upon a golden blade
engraved all down with letters, and
scattering a small wake of sand
it crawled meticulously, then
it played, it basked, it writhed again
in triple coil, then gave a start,
just as if scalded, in one dart
it dived inside the bushes' heart,
and deep in scrub it disappeared.

XXIII

«But now the sky was calm, and cleared
of cloudscape. Far, through mists that steamed,
rose two dark mountains, and there gleamed
underneath one of them a wall —
our cloister's battlemented hall.
Aragva and Kurá below
were lapping with their silvery flow
at feet of islands cool and fresh,
at whispering bushes and their mesh
of roots, and pulsing on their way
in gentle harmony... but they
were too far off! I tried to rise —

Хотел я встать — передо мной
Всё закружилось с быстротой;
Хотел кричать — язык сухой
Беззвучен и недвижим был...
Я умирал. Меня томил
Предсмертный бред.
          Казалось мне,
Что я лежу на влажном дне
Глубокой речки — и была
Кругом таинственная мгла.
И, жажду вечную поя,
Как лед холодная струя,
Журча, вливалася мне в грудь...
И я боялся лишь заснуть,
Так было сладко, любо мне...
А надо мною в вышине
Волна теснилася к волне,
И солнце сквозь хрусталь волны
Сияло сладостней луны...
И рыбок пестрые стада
В лучах играли иногда.
И помню я одну из них:
Она приветливей других
Ко мне ласкалась. Чешуей
Была покрыта золотой
Ее спина. Она вилась
Над головой моей не раз,
И взор ее зеленых глаз
Был грустно нежен и глубок...
И надивиться я не мог:
Ее сребристый голосок
Мне речи странные шептал,
И пел, и снова замолкал.

Он говорил: «Дитя мое,
          Останься здесь со мной:
В воде привольное житье
          И холод и покой.

          *

"Я созову моих сестер:
          Мы пляской круговой
Развеселим туманный взор
          И дух усталый твой.

          *

"Усни, постель твоя мягка,
          Прозрачен твой покров.

everything whirled before my eyes;
I tried to shout — my dried-up tongue,
voiceless and motionless it hung...
I seemed to die. Herald of death,
a madness crushed me, squeezed by breath.
And then it seemed to me that I
on the moist bed had come to lie
of a deep river — there I found
mysterious darkness all around.
And quenching my eternal thirst
the ice-cold stream, in bubbling burst,
into my chest came flowing deep...
My only fear, to fall asleep,
so sweet, so blissful was my plight...
And there above me in the height
wave thronged on wave, and through the bright
crystal of water the sun beamed,
with a moon's graciousness it gleamed...
From time to time, across its ray
fish in bright flocks began to play.
And one, more friendly than her mates,
caressed me. Backed with scaly plates
of gold, I still can see her coat,
as round my head she came to float;
and, deeply gazing, her green eyes
were sweetly sad... and a profound
amazement seized me at the sound
of her small voice's silvery strain:
it sang to me, then ceased again.

That voice, it seemed to say: 'My child,
    do thou stay here with me:
our life down in this watery wild
    is cool, and rich, and free.

My sisters all I will enrol
    and with our circling dance
we shall divert thy weary soul
    and cheer thy fainting glance.

Now sleep away, soft is thy bed,
    thy sheet, shot through with gleams.
The years, the ages o'er thy head
    will pass in wondrous dreams.

Beloved, let me tell thee true,
    I love thee, as down here

Пройдут года, пройдут века
       Под говор чудных снов.

*

"О милый мой! не утаю,
       Что я тебя люблю,
Люблю как вольную струю,
       Люблю как жизнь мою..."

И долго, долго слушал я;
И мнилось, звучная струя
Сливала тихий ропот свой
С словами рыбки золотой.
Тут я забылся. Божий свет
В глазах угас. Безумный бред
Бессилью тела уступил...

24

«Так я найдён и поднят был...
Ты остальное знаешь сам.
Я кончил. Верь моим словам
Или не верь, мне всё равно.
Меня печалит лишь одно:
Мой труп холодный и немой
Не будет тлеть в земле родной,
И повесть горьких мук моих
Не призовет меж стен глухих
Вниманье скорбное ничье
На имя темное мое.

25

«Прощай, отец... дай руку мне;
Ты чувствуешь, моя в огне...
Знай, этот пламень с юных дней
Таяся, жил в груди моей;
Но ныне пищи нет ему,
И он прожег свою тюрьму
И возвратится вновь к тому,
Кто всем законной чередой
Дает страданье и покой...
Но что мне в том? — пускай в раю,
В святом, заоблачном краю
Мой дух найдет себе приют...
Увы! — за несколько минут
Между крутых и темных скал,
Где я в ребячестве играл,
Я б рай и вечность променял...

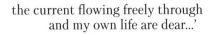

the current flowing freely through
    and my own life are dear...'

Long, long I listened; and I found
the stream had set its quiet sound,
the tale its lilting whisper told,
to music from that fish of gold.
I swooned. The light that God had lit
quenched in my eyes. The raving fit
passed from my fainting body then.

XXIV

«So I was found, brought here again...
I've finished, for you know what more
there is to tell. Believe me or
believe me not — I do not care.
Just one thing grieves me, this I swear:
my body, lifeless, cold and dumb,
will never to my homeland come
to moulder there; my grievous thrall
in the deaf circle of this wall
will never be rehearsed, or claim
a sad repute for my dim name.

XXV

«Father, your hand, please, in farewell;
mine is on fire, as you can tell...
Since childhood, well-concealed, suppressed,
this flame has lived inside my breast;
but now there's nothing left that burns;
it's blazed its way out, and returns,
returns once more to Him who gives
just measure, to each man who lives,
of pain and peace... but what do I
care? Yes, in realms behind the sky
my soul will find its refuge due...
alas! I'd barter, for a few
moments among those steep and strange
rocks where in childhood I would range —
heaven and eternity I'd change...

XXVI

«But when I'm dying — for that date,
believe me, there's not long to wait —
give orders I be carried out
into our garden, just about

26

«Когда я стану умирать,
И, верь, тебе не долго ждать —
Ты перенесть меня вели
В наш сад, в то место, где цвели
Акаций белых два куста...
Трава меж ними так густа,
И свежий воздух так душист,
И так прозрачно золотист
Играющий на солнце лист!
Там положить вели меня.
Сияньем голубого дня
Упьюся я в последний раз.
Оттуда виден и Кавказ!
Быть может, он с своих высот
Привет прощальный мне пришлет,
Пришлет с прохладным ветерком...
И близ меня перед концом
Родной опять раздастся звук!
И стану думать я, что друг
Иль брат, склонившись надо мной,
Отер внимательной рукой
С лица кончины хладный пот,
И что вполголоса поет
Он мне про милую страну...
И с этой мыслью я засну,
И никого не прокляну...»

1839

where bloom two white acacias, where
the turf's so thick, and the cool air
so perfumed, and the leaves that play
so limpid-gold in the sun's ray!
There bid them set me; of bright day
and the sky's radiant blue I will
there for the last time drink my fill.
Thence Caucasus is clear to see!
perhaps, down from his summit, he
will send me, on the wind's cool breath,
his farewell... and before my death
perhaps near by once more I'll hear
my native tongue! and someone dear,
I'll dream, some brother, or some friend,
how, gently, over me he'll bend,
how, tenderly, he'll wipe my brow
clean of death's icy sweat, and how
he'll sing to me in undertone
of that dear country, once my own...
and so I'll sleep — no curse, no groan!»

Translated by Charles Johnston

INDEX OF TRANSLATORS

СОДЕРЖАНИЕ / CONTENTS

Поэмы / Narrative Poems

Литературно-художественное издание

М.Ю. Лермонтов / Mikhail Lermontov

«Нет, я не Байрон, я другой...» /
«No, I'm not Byron, it's my Role...»

Избранная поэзия
Poetical Works

Редакторы
И.С. Карпова, Ю.Г. Фридштейн

Младший редактор
Г.С. Чередов

Художественный редактор
Т.Н. Костерина

Технолог
С.С. Басипова

Оператор компьютерной верстки
А.В. Кузьмин

Оператор компьютерной верстки переплета
В.М. Драновский

Корректор
А.И. Иванова

Подписано в печать 4.12.2009
Формат 70x100/16
Тираж 2000 экз.
Заказ № 9620

Центр книги ВГБИЛ им. М.И. Рудомино
Москва, Николоямская ул., д. 1

Отдел реализации:
(495)221-61-80
Электронная почта:
gregman43@mail.ru

Отпечатано с готовых файлов заказчика
в ОАО «ИПК «Ульяновский Дом печати»
432980, г. Ульяновск, ул. Гончарова, 14